中國古典四大名劇

桃花扇

中州古籍出版社

前言

在我國絢麗多姿的藝術百花園中，戲曲是一門影響廣泛、極具民族特色的藝術形式。我國的古代戲曲源遠流長，與古希臘悲喜劇、印度梵劇並稱為世界三大古劇。從北宋中葉正式形成，先後經歷了宋元南戲、元代雜劇、明清傳奇、清代中後期花部等發展階段。在這數百年的發展進程中，出現了一大批戲曲名著，其中，尤以王實甫的《西廂記》、湯顯祖的《牡丹亭》、洪昇的《長生殿》和孔尚任的《桃花扇》四劇熠熠奪目，體現了中國古典戲曲藝術的最高成就，被譽為「中國古典四大名劇」。

這四部經典之所以能在傑作如林的戲曲史上超群絕倫，是由於其藝術成就遠遠超越同時代的同類作品。首先是它們所表現的內容具有鮮明的時代性。元代的雜劇《西廂記》歌頌了以愛情為基礎的結合，提出了「願普天下有情的都成了眷屬」的理想，反映了封建社會中青年男女要求婚姻自主、衝破封建禮教束縛的人文主義思想。明末的傳奇劇《牡丹亭》則進一步把男女愛情同個性解放聯繫起來，一方面深刻揭露了封建禮教對人們思想的束縛，一方面描寫了杜麗娘為爭取理想愛情所作的不屈鬥爭，反映了新興市民階層的要求，具有進步的民主思想。清初距離明朝覆亡「殷鑒不遠」，歷史劇《長生殿》和《桃花扇》則更具有鮮明的時代特色。《長生殿》通過李隆基與楊玉環的「釵盒情緣」，總結了封建王朝的興衰原因，以「垂戒來世」。《桃花扇》「借離合之情，抒興亡之感」，以李香君與侯方域的悲歡離合為線索，展現了南明王朝的衰亡歷程，寄寓了深沉的反思。這些愛情戲「無境不襲，無語不因」，或以情節跌宕起伏、錯綜複雜的戲劇衝突強調「情」的自主；或以曲折多變的生活面貌展現政治的演變，反映封建王朝的興衰。這在當時千篇一律的言情相思戲劇作中具有突出的獨創性，令人驚奇，引人入勝。

四部經典劇作深受廣大觀衆和讀者的喜愛，還在於它對人物形象的成功塑造。通過個性化的語言、細節描寫、心理刻畫、相互映襯等多種手法，使劇中的人物形象無論是主要人物還是次要人物，都個性鮮明、栩栩如生，讓人印象深刻、回味無窮。在語言風格上，四劇皆具有濃厚的抒情色彩，寓情於景，情景交融，使主人公的悲喜真實可感。文辭清麗雅緻、優美蘊藉，富有傳統詩詞的意境之美，又通俗易懂。

本書收錄的中國古典四大名劇：《西廂記》《牡丹亭》《長生殿》《桃花扇》，採用宣紙線裝，古樸典雅，為讀者更好地領略我國古典戲劇的精華提供更佳範本。其中《西廂記》以暖紅室所刻《淩蒙初鑒定西廂記》為底本，並參考王季思校注本；《牡丹亭》以明懷德堂《重鐫繡像牡丹亭還魂記》為底本，並參考徐朔方校注本；《長生殿》以稗畦草堂本為底本，並參考徐朔方校注本；《桃花扇》以蘭雪堂本為底本，並參考王季思、蘇寰中校注本。因時間倉促，不妥之處還請讀者批評指正。

編者

二〇一五年三月

目録

試一齣 先聲 一
第一齣 聽稗 一
第二齣 傳歌 二
第三齣 鬨丁 四
第四齣 偵戲 五
第五齣 訪翠 六
第六齣 眠香 八
第七齣 卻奩 九
第八齣 鬧榭 一〇
第九齣 撫兵 一一
第十齣 修札 一二
第十一齣 投轅 一四
第十二齣 辭院 一五
第十三齣 哭主 一六
第十四齣 阻奸 一八
第十五齣 迎駕 一九
第十六齣 設朝 二〇
第十七齣 拒媒 二一
第十八齣 爭位 二三
第十九齣 和戰 二四
第二十齣 移防 二五
閏二十齣 閒話 二六
加二十一齣 孤吟 二七
第二十一齣 媚座 二七
第二十二齣 守樓 二八
第二十三齣 寄扇 三〇
第二十四齣 罵筵 三一
第二十五齣 選優 三三
第二十六齣 賺將 三四
第二十七齣 逢舟 三五
第二十八齣 題畫 三六
第二十九齣 逮社 三八
第三十齣 歸山 四〇
第三十一齣 草檄 四一
第三十二齣 拜壇 四三
第三十三齣 會獄 四四
第三十四齣 截磯 四五
第三十五齣 誓師 四六
第三十六齣 逃難 四七
第三十七齣 劫寶 四八
第三十八齣 沉江 五〇
第三十九齣 棲真 五一
第四十齣 入道 五二
續四十齣 餘韻 五四

試一齣　先聲　康熙甲子八月

【蝶戀花】〔副末氈巾、道袍、白鬚上〕古董先生誰似我？非玉非銅，滿面包漿裹。剩魄殘魂無伴夥，時人指笑何須躲。舊恨填胸一筆抹，遇酒逢歌，隨處留皆可。子孝臣忠萬事妥，休思更吃人參果。

日麗唐虞世，花開甲子年；山中無寇盜，地上總神仙。老夫原是南京太常寺一個贊禮，爵位不尊，姓名可隱。最喜無禍無災，活了九十七歲，閱歷多少興亡，又到上元甲子。堯舜臨軒，禹皋在位；處處四民安樂，年年五穀豐登。今乃康熙二十三年，見了祥瑞一十二種。〔內問介〕請問那幾種祥瑞？〔屈指介〕河出圖，洛出書，景星明，慶雲現，甘露降，膏雨零，鳳凰集，麒麟遊，蓂莢發，芝草生，海無波，黃河清。件件俱全，豈不可賀！老夫欣逢盛世，到處遨遊。昨在太平園中，看一本新出傳奇，名為《桃花扇》，就是明朝末年南京近事。借離合之情，寫興亡之感，實事實人，有憑有據。老夫不但耳聞，皆曾眼見。更可喜把老夫衰態，也拉上了排場，做了一個副末脚色；惹的俺哭一回，笑一回，怒一回，罵一回。那滿座賓客，怎曉得我老夫就是戲中之人！〔內〕請問這本好戲，是何人着作？〔答〕列位不知，從來填詞名家，不着姓氏。但看他有褒有貶，作春秋必賴祖傳；可咏可歌，正雅頌豈無庭訓！〔內〕這等說來，一定是雲亭山人了。〔答〕你道是那個來？〔內〕今日冠裳雅會，就要演這本傳奇。你老既係舊人，又且聽過新曲，何不把傳奇始末，預先鋪敘一番，大家洗耳？〔答〕有張道士的《滿庭芳》詞，歌來請教罷：

【滿庭芳】公子侯生，秣陵僑寓，恰偕南國佳人；讒言暗害，鸞鳳一宵分。又值天翻地覆，據江淮藩鎮紛紜。立昏主，徵歌選舞，當禍起奸臣。良緣難再續，樓頭激烈，獄底沉淪。卻賴蘇翁柳老，解救殷勤。半夜君逃相走，望煙波誰弔忠魂？桃花扇，齋壇揉碎，我與指迷津。〔內〕妙，妙，只是曲調鏗鏘，一時不能領會，還求總括數句。〔答〕待我說來：

奸馬阮中外伏長劍，巧柳蘇往來牽密線；侯公子斷除花月緣，張道士歸結興亡案。

道猶未了，那公子早已登場，列位請看。

第一齣　聽稗　崇禎癸未二月

【戀芳春】〔生儒扮上〕孫楚樓邊，莫愁湖上，又添幾樹垂楊。偏是江山勝處，酒賣斜陽，勾引遊人醉賞，學金粉南朝模樣。暗思想，那些鶯顛燕狂，關甚興亡！

〔鷓鴣天〕院靜廚寒睡起遲，秣陵人老看花時；城連曉雨枯陵樹，江帶春潮壞殿基。傷往事，寫新詞，客愁鄉夢亂如絲。不知煙水西村舍，燕子今年宿傍誰？小生姓侯，名方域，表字朝宗，中州歸德人也。夷門譜牒，梁苑冠裳。先祖太常，家父司徒，久樹東林之幟；選詩雲間，徵文白下，新登復社之壇。早歲清詞，吐出班香宋豔；中年浩氣，流成蘇海韓潮。人鄰耀華之宮，偏宜賦酒；家近洛陽之縣，不願栽花。自去年壬午，南闈下第，便僑寓這莫愁湖畔。烽煙未靖，家信難通，不覺又是仲春時候；你看碧草粘天，誰是還鄉之伴；黃塵匝地，獨為避亂之人。〔歎介〕莫愁，莫愁！教俺怎生不愁也！幸喜社友陳定生、吳次尾，寓在蔡益所書坊，時常往來，頗不寂寞。今日約到冶城道院，同看梅花，須索早去。

【懶畫眉】乍暖風煙滿江鄉，花裡行廚攜着玉缸；笛聲吹亂客中腸，莫過烏衣巷，是別姓人家新畫梁。

〔下〕〔末、小生儒扮上〕

【前腔】王氣金陵漸凋傷，鼙鼓旌旗何處忙？怕隨梅柳渡春江。〔末〕小生宜興陳貞慧是也。〔小生〕小生貴池吳應箕是也。〔末問介〕次兄可知流寇消息麼？〔小生〕昨見邸抄，流寇連敗官兵，漸逼京師。那寧南侯左良玉，還軍襄陽。中原無人，大事已不可問，我輩且看春光。〔合〕無主春飄蕩，風雨梨花摧曉妝。

〔生上相見介〕請了，兩位社兄，果然早到。〔小生〕豈敢爽約！〔末〕小弟已着人打掃道院，沽酒相待。〔副淨扮家僮忙上〕節寒嫌酒冷，花好引人多。稟相公，來遲了，請回罷！〔末〕怎麼來遲了？〔副淨〕魏府徐公子要請客看花，一座大大道院，早已占滿了。〔生〕既是這等，且到秦淮水榭，一訪佳麗，倒也有趣！〔小生〕依我說，不必遠去，兄可知道泰州柳敬亭，說書最妙，曾見賞於吳橋范大司馬、桐城何老相國。聞他在此作寓，何不同往一聽，消遣春愁？〔末〕這也好！〔生怒介〕那柳麻子新做了閹兒阮鬍子的門客，這樣人說書，不聽也罷了！〔小生〕兄還不知，阮鬍子漏網餘生，不肯退藏；還在這裡蓄養聲伎，結納朝紳。小弟做了一篇留都防亂的揭帖，公討其罪。那班門客纔曉得他是崔魏逆黨，不待曲終，拂衣散盡。這柳麻子也在其內，豈不可敬！〔生驚介〕阿呀！竟不知此輩中也有豪傑，該去物色的！〔同行介〕

【前腔】仙院參差弄笙簧，人住深深丹洞旁，閒將雙眼閱滄桑。〔副淨〕此間是了，待我叫門。〔叫介〕柳麻子在家麼？〔末喝介〕呔！

他是江湖名士，稱他柳相公纔是。〔丑小帽、海青、白髯，扮柳敬亭上〕門掩青苔長，話舊樵漁來道房。〔見介〕原來是陳、吳二位相公，老漢失迎了！〔問生介〕此位何人？〔末〕這是敝友河南侯朝宗，當今名士，久慕清談，特來領教。〔丑〕不敢不敢！請坐獻茶。〔坐介〕〔丑〕相公都是讀書君子，甚麼《史記》《通鑑》，不曾看熟，倒來聽老漢的俗談。〔指介〕你看：

【前腔】廢苑枯松靠着頹牆，春雨如絲宮草香，六朝興廢怕思量。鼓板輕輕放，沾淚說書兒女腸。

〔生〕不必過謙，就求賜教。〔丑〕既蒙光降，老漢也不敢推辭；只怕演義盲詞，難入尊耳。沒奈何，且把相公們讀的《論語》說一章罷！〔生〕這也奇了，《論語》如何說的？〔丑笑介〕相公說得，老漢就說不得？今日偏要假斯文，說他一回。〔上坐敲鼓板說書介〕問余何事棲碧山，笑而不答心自閒；桃花流水杳然去，別有天地非人間。〔拍醒木說介〕敢告列位，今日所說不是別的，是申魯三家欺君之罪，表孔聖人正樂之功。當時魯道衰微，人心僭竊，我夫子自衛反魯，然後樂正。那些樂官恍然大悟，愧悔交集，一個個東奔西走，把那權臣勢家鬧烘烘的戲場，頃刻冰冷。你說聖人的手段利害呀不利害？神妙呀不神妙？〔敲鼓板唱介〕

【鼓詞一】自古聖人手段能，他會呼風喚雨，撒豆成兵。見一夥亂臣無禮教歌舞，使了個些小方法，弄的他精打精。正排着低品走狗奴才隊，都做了高節清風大英雄！

〔拍醒木說介〕那太師名摯，他第一個先適了齊。他為何適齊，聽俺道來！〔敲鼓板唱介〕

【鼓詞二】好一個為頭為領的太師摯，他說：「咳，俺為甚的替撞三家景陽鐘？往常時瞎了眼睛在泥窩裡混，到如今抖起身子去個清。大撒腳步正往東北走，合夥了個敬仲老先纔顯俺的名。管喜的孔子三月忘肉味，景公擦淚側着耳聽；那賊臣就吃了豹子心肝熊的膽，也不敢到姜太公家裡去拿樂工。」

〔拍醒木說介〕管亞飯的名干，適了楚；管三飯的名繚，適了蔡；管四飯的名缺，適了秦。這三人為何也去了？聽我道來！

〔敲鼓板唱介〕

【鼓詞三】這一班勸膳的樂官不見了領隊長，一個個各尋門路奔前程。亞飯說：「亂臣堂上掇着碗，俺倒去吹吹打打伏侍着他聽；你看咱長官此去齊邦誰敢去找？我也投那熊繹大王，倚仗他的威風。」三飯說：「河南蔡國雖然小，那堂堂的中原緊靠着京城。」

四飯說：「遠望西秦有天子氣，那強兵營裡我去抓響箏。」一齊說：「你每日倚着塞門椿子使喚俺，今以後叫你聞着俺的風聲腦子疼。」

〔拍醒木說介〕擊鼓的名方叔，入於河；播鞀的名武，入於漢；少師名陽，擊磬的名襄，入於海。這四人另有個去法，聽俺道來！

〔敲鼓板唱介〕

【鼓詞四】這擊磬擂鼓的三四位，他說：「你丟下這亂紛紛的排場俺也幹不成。您嫌這裡亂鬼當家別處尋主，只怕到那裡低三下四還幹舊營生。俺們一葉扁舟桃源路，這纔是江湖滿地，幾個漁翁。」

〔拍醒木說介〕這四個人，去的好，去的妙，去的有意思。聽他說些甚的？〔敲鼓板唱介〕

【鼓詞五】他說：「十丈珊瑚映日紅，珍珠捧着水晶宮，龍王留俺宮中宴，那金童玉女不比凡同。鳳簫象管龍吟細，可教人家吹打着俺們纔聽。那賊臣就溜着河邊來趕俺，這萬里煙波路也不明。莫道山高水遠無知己，你看海角天涯都有俺舊弟兄。全要打破紙窗看世界，虧了那位神靈提出俺火坑。憑世上滄海變田田變海，俺那老師父只管矇瞪着兩眼定六經。」

〔說完起介〕獻醜，獻醜！〔末〕妙極，妙極！如今應制講義，那能如此痛快，真絕技也！〔小生〕敬亭纔出阮家，不肯別投主人，故此現身說法。〔生〕俺看敬亭人品高絕，胸襟灑脫，是我輩中人，說書乃其餘技耳。

【解三醒】〔生、末、小生〕暗紅塵霎時雪亮，熱春光一陣冰涼，清白人會算糊塗帳。〔同笑介〕這笑罵風流跌宕，一聲拍板溫而厲，三下漁陽慨以慷！〔丑〕重來訪，但是桃花誤處，問俺漁郎。

〔生問介〕昨日同出阮衙，是那幾位朋友？〔丑〕都已散去，只有善謳的蘇崑生，還寓比鄰。〔生〕也要奉訪，尚望同來賜教。

〔丑〕自然奉拜的。

〔丑〕歌聲歇處已斜陽，〔末〕剩有殘花隔院香；〔小生〕無數樓臺無數草，〔生〕清談霸業兩茫茫。

第二齣　傳歌

癸未二月

【秋夜月】〔小旦倩妝扮鴇妓李貞麗上〕深畫眉，不把紅樓閉；長板橋頭垂楊細，絲絲牽惹遊人騎。將箏絃緊繫，把笙囊巧制。

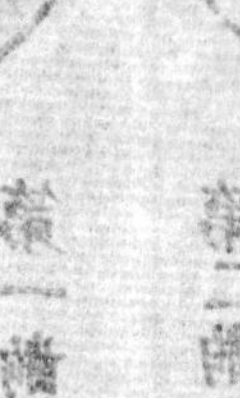

梨花似雪草如煙，春在秦淮兩岸邊；一帶妝樓臨水蓋，家家分影照嬋娟。妾身姓李，表字貞麗，煙花妙部，風月名班；生長舊院之中，迎送長橋之上，鉛華未謝，豐韻猶存。養成一個假女，溫柔纖小，才陪玳瑁之筵，宛轉嬌羞，未入芙蓉之帳。這裡有位罷職縣令，叫做楊龍友，乃鳳陽督撫馬士英的妹夫，原做光祿阮大鋮的盟弟，常到院中誇俺孩兒，要替他招客梳櫳。今日春光明媚，敢待好來也。〔叫介〕丫鬟，捲簾掃地，伺候客來。〔內應介〕曉得！〔末扮楊文驄上〕三山景色供圖畫，六代風流入品題。下官楊文驄，表字龍友，乙榜縣令，罷職閒居。這秦淮名妓李貞麗，是俺舊好，趁此春光，訪他閒話。來此已是，不免竟入。〔入介〕貞娘那裡？〔見介〕好呀！你看梅錢已落，柳線纔黃，軟軟濃濃，一院春色，叫俺如何消遣也。

〔小旦〕正是。請到小樓焚香煮茗，賞鑒詩篇罷。〔末〕極妙了。〔登樓介〕簾紋籠架鳥，花影護盆魚。〔看介〕這是令愛妝樓，他往那裡去了？〔小旦〕曉妝未竟，尚在臥房。〔末〕請他出來。〔小旦喚介〕孩兒出來，楊老爺在此。〔末看四壁上詩篇介〕都是些名公題贈，卻也難得。〔背手吟哦介〕

【前腔】〔旦艷妝上〕香夢回，才褪紅鴛被。重點檀唇臙脂膩，匆匆挽個拋家髻。這春愁怎替，那新詞且記。

〔見介〕老爺萬福！〔末〕幾日不見，益發標緻了。這些詩篇贊的不差。〔又看驚介〕呀呀！張天如、夏彝仲這班大名公，都有題贈，下官也少不的和韻一首。〔小旦送筆硯介〕〔末把筆久吟介〕做他不過，索性藏拙，聊寫墨蘭數筆，點綴素壁罷。〔小旦〕更妙。〔末看壁介〕這是藍田叔畫的拳石。呀！就寫蘭於石旁，借他的襯貼也好。〔畫介〕

【梧桐樹】綾紋素壁輝，寫出騷人致。嫩葉香苞，雨困煙痕醉。一拳宣石墨花碎，幾點蒼苔亂染砌。〔遠看介〕也還將就得去；怎比元人瀟灑墨蘭意，名姬恰好湘蘭佩。

〔小旦〕真真名筆，替俺妝樓生色多矣。〔末〕見笑。〔向旦介〕請教尊號，就此落款。〔旦〕年幼無號。〔小旦〕就求老爺賞他二字罷。〔末思介〕《左傳》云：「蘭有國香，人服媚之」，就叫他香君何如？〔小旦〕甚妙！香君過來謝了。〔旦拜介〕多謝老爺。〔末笑介〕連樓名都有了。〔落款介〕崇禎癸未仲春，偶寫墨蘭於媚香樓，博香君一笑。貴筑楊文驄。〔小旦〕寫畫俱佳，可稱雙絕。多謝了！〔俱坐介〕〔末〕我看香君國色第一，只不知技藝若何？〔小旦〕一向嬌養慣了，不曾學習。前日纔請一位清客，傳他詞曲。〔末〕是那個？〔小旦〕就叫甚麼蘇崑生。〔末〕蘇崑生，本姓周，是河南人，

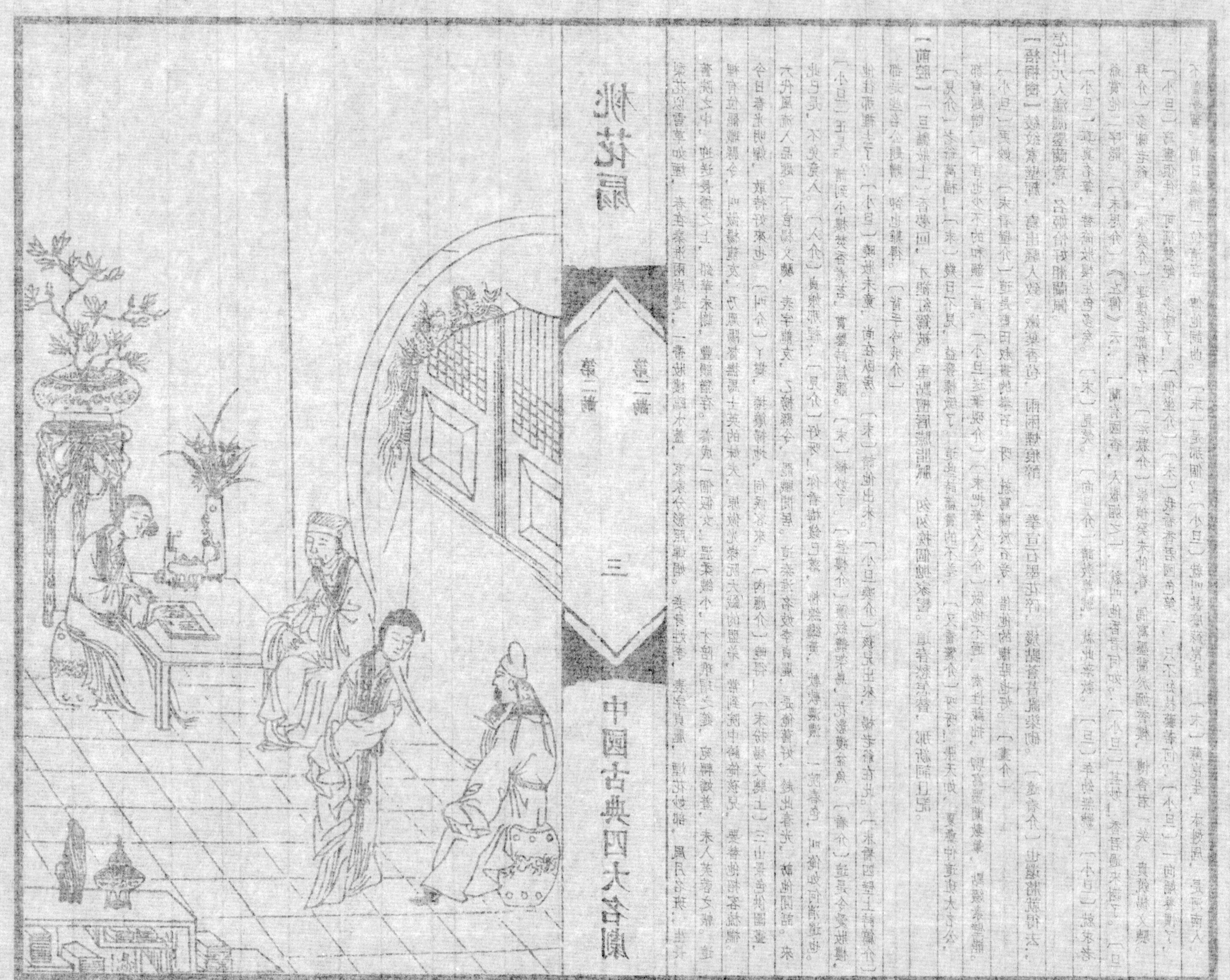

寄居無錫。一向相熟的，果然是個名手。〔問介〕傳的那套詞曲？〔小旦〕就是玉茗堂四夢。〔末〕學會多少了？〔小旦〕纔將《牡丹亭》學了半本。〔喚介〕孩兒，楊老爺不是外人，取出曲本快快溫習。待你師父對過，好上新腔。〔旦皺眉介〕有客在坐，只是學歌怎的。〔小旦〕好傻話，我們門戶人家，舞袖歌裙，吃飯莊屯。你不肯學歌，閒着做甚。〔旦看曲本介〕

【前腔】〔小旦〕生來粉黛圍，跳入鶯花隊，一串歌喉，是俺金錢地。莫將紅豆輕拋棄，學就曉風殘月墜；緩拍紅牙，奪了宜春翠，門前繫住王孫轡。

〔淨扁巾、褶子，扮蘇崑生上〕閒來翠館調鸚鵡，懶去朱門看牡丹。在下固始蘇崑生是也，自出阮衙，便投妓院，做這美人的教習，不強似做那義子的幫閒麼。〔竟入見介〕楊老爺在此，久違了。〔末〕崑老恭喜，收了一個絕代的門生。〔小旦〕蘇師父來了，孩兒見禮。〔旦拜介〕〔淨〕免勞罷。〔問介〕昨日學的曲子，可曾記熟了？〔旦〕記熟了。〔淨〕趁着楊老爺在坐，隨我對來，好求指示。〔末〕正要領教。〔淨、旦對坐唱介〕

〔皂羅袍〕原來奼紫嫣紅開遍，似這般都付與斷井頹垣。良辰美景奈何天，〔淨〕錯了錯了，美字一板，奈字一板，不可連下去。另來另來！良辰美景奈何天，賞心樂事誰家院。朝飛暮捲，雲霞翠軒；雨絲風片，〔淨〕又不是了，絲字是務頭，要在嗓子內唱。雨絲風片，煙波畫船，錦屏人忒看得這韶光賤。〔淨〕妙妙！是的狠了，往下來。

〔好姐姐〕遍青山啼紅了杜鵑，荼蘼外煙絲醉軟。牡丹雖好，他春歸怎占得先。〔淨〕這句略生些，再來一遍。牡丹雖好，他春歸怎占得先。閒凝盼，生生燕語明如翦，嚦嚦鶯聲溜的圓。

〔淨〕好好！又完一折了。〔末對小旦介〕可喜令愛聰明的緊，不愁不是一個名妓哩。〔向淨介〕昨日會着侯司徒的公子侯朝宗，客囊頗富，又有才名，正在這裡物色名姝。崑老知道麼？〔淨〕他是敝鄉世家，果然大才。〔末〕這段姻緣，不可錯過的。

【瑣窗寒】破瓜碧玉佳期，唱嬌歌，細馬騎。纏頭擲錦，攜手傾杯；催妝豔句，迎婚油壁。配他公子千金體，年年不放阮郎歸，買宅桃葉春水。

〔小旦〕這樣公子肯來梳櫳，好的緊了。只求楊老爺極力幫襯，成此好事。〔末〕自然在心的。

【尾聲】〔小旦〕掌中女好珠難比，學得新鶯恰恰啼，春鎖重門人未知。

如此春光，不可虛度，我們樓下小酌罷。〔末〕有趣。〔同行介〕

〔末〕蘇小簾前花滿畦，〔小旦〕鶯酣燕嬾隔春隄；〔旦〕紅綃裹下櫻桃顆，〔淨〕好待潘車過巷西。

第三齣　鬨丁

癸未三月

〔副淨、丑扮二壇戶上〕〔副淨〕俎豆傳家鋪排戶，〔丑〕祖父。〔副淨〕各壇祭器有號簿，〔丑〕查數。〔副淨〕朔望開門點蠟炬，〔丑〕掃路。〔副淨〕跪迎祭酒早進署，〔丑〕休誤。〔丑〕怎麼只說這樣沒體面的話。〔副淨〕你會說，讓你說來。〔丑〕四季關糧進戶部，〔副淨〕誇富。〔丑〕紅牆綠瓦闔家住，〔副淨〕娶婦。〔丑〕乾柴只靠一把鋸，〔副淨〕偷樹。〔丑〕一年到頭不吃素，〔副淨〕醃胙。〔丑〕啐！你接得不好，倒底露出腳色來。〔同笑介〕咱們南京國子監鋪排戶，苦熬六個月，今日又是仲春丁期。太常寺早已送到祭品，待俺擺設起來。〔排桌介〕〔副淨〕栗、棗、芡、菱、榛。〔丑〕牛、羊、豬、兔、鹿。〔副淨〕魚、芹、菁、笋、韭。〔丑〕鹽、酒、香、帛、燭。〔副淨〕一件也不少，仔細看着，不要叫贊禮們偷吃，尋我們的晦氣呀。〔副末扮老贊禮暗上〕啐！你壇戶不偷就夠了，倒賴我們。〔副淨拱介〕得罪得罪！我說的是那沒體面的相公們，老先生是正人君子，豈有偷嘴之理。〔副末〕閒話少說，天已發亮，是時候了，各處快點香燭。〔丑〕是。〔同混下〕

【粉蝶兒】〔外冠帶執笏，扮祭酒上〕松柏籠煙，兩堦蠟紅初翦。排笙歌，堂上宮懸。捧爵帛，供牲醴，香芹早薦。〔末冠帶執笏，扮司業上〕列班聯，敬陪南雍釋奠。

〔外〕下官南京國子監祭酒是也。〔末〕下官司業是也。今值文廟丁期，禮當釋奠。〔分立介〕

【四園春】〔小生衣巾，扮吳應箕上〕楹鼓逢逢將曙天，諸生接武杏壇前。〔雜扮監生四人上〕濟濟禮樂繞三千，萬仞門牆瞻聖賢。

〔副淨滿髯冠帶，扮阮大鋮上〕淨洗含羞面，混入几筵邊。

〔小生〕小生吳應箕，約同楊維鬥、劉伯宗、沈崑銅、沈眉生衆社兄，同來與祭。〔雜四人〕次尾社兄到的久了，大家依次排起班來。〔副淨掩面介〕下官阮大鋮，閒住南京，來觀盛典。〔立前列介〕〔副末上，唱禮介〕排班，班齊。鞠躬，俯伏、興，俯伏、興，俯伏、興，俯伏、興。〔衆依禮各四拜介〕

【泣顏回】〔合〕百尺翠雲巔，仰見宸題金匾，素王端拱，顏曾四座冠冕。迎神樂奏，拜彤墀齊把袍笏展。讀詩書不愧膠庠，畏

先聖洋洋靈顯。

〔拜完立介〕〔唱禮介〕焚帛，禮畢。〔衆相見揖介〕

【前腔】〔外、末〕北面並臣肩，共事春丁榮典；趨蹌環佩，鵷班鷺序旋轉。〔小生等〕司籩執豆，魯諸生盡是瑚璉選。〔副淨〕喜留都、散職逍遙，歎投閒、名流謫貶。

〔外、末下〕〔副淨拱介〕〔小生驚看，問介〕你是阮鬍子，如何也來與祭？唐突先師，玷辱斯文。〔喝介〕快快出去！

〔副淨氣介〕我乃堂堂進士，表表名家，有何罪過，不容與祭。〔小生〕你的罪過，朝野俱知，蒙面喪心，還敢入廟。難道前日防亂揭帖，不曾說着你病根麼！〔副淨〕我正為暴白心跡，故來與祭。〔小生〕你的心跡，待我替你說來：

【千秋歲】魏家乾，又是客家乾，一處處兒字難免。同氣崔田，同氣崔田，熱兄弟糞爭嘗，癰同吮。東林裏丟飛箭，西廠裏牽長線，怎掩旁人眼。〔合〕笑冰山消化，鐵柱翻掀。

〔副淨〕諸兄不諒苦衷，橫加辱罵，那知俺阮圓海原是趙忠毅先生的門人。魏黨暴橫之時，我丁艱未起，何曾傷害一人，這些話都從何處說起。

【前腔】飛霜冤，不比黑盆冤，一件件風影敷衍。初識忠賢，初識忠賢，救周魏，把好身名，甘心貶。前輩康對山，為救李空同，曾入劉瑾之門。我前日屈節，也只為着東林諸君子，怎麼倒責起我來。春燈謎誰不見，十錯認無人辯，個個將咱譴。〔指介〕恨輕薄新進，也放屁狂言！

〔小生〕好罵好罵！〔衆〕你這等人，敢在文廟之中公然罵人，真是反了。〔副末亦喊介〕反了反了！讓我老贊禮，打這個奸黨。

〔打介〕〔小生〕掌他的嘴，撏他的毛。〔衆亂採鬚，指罵介〕

【越恁好】閹兒璫子，閹兒璫子，那許你拜文宣。辱人賤行，玷庠序，愧班聯。急將吾黨鳴鼓傳，攻之必遠；屏荒服不與同州縣，投豺虎只當閒豬犬。

〔副淨〕好打好打！〔指副末介〕連你這老贊禮，都打起我來了。〔副末〕我這老贊禮，纔打你個知和而和的。〔副淨看鬚介〕把鬍鬚都採落了，如何見人，可惱之極。〔急跑介〕

【紅繡鞋】難當雞肋拳揎，拳揎。無端臂折腰攧，腰攧。忙躲去，莫流連。〔下〕〔小生〕〔衆〕分邪正，辨奸賢，黨人逆案鐵同堅。

【尾聲】當年勢焰掀天轉，今日奔逃亦可憐。儒冠打扁，歸家應自焚筆硯。

〔小生〕今日此舉，替東林雪憤，為南監生光，好不爽快。以後大家努力，莫容此輩再出頭來。〔衆〕是是！

〔衆〕堂堂義舉聖門前，〔小生〕黑白須爭一着先；〔衆〕只恐輸贏無定局，〔小生〕治由人事亂由天。

第四齣　偵戲　癸未三月

【雙勸酒】〔副淨扮阮大鋮憂容上〕前局盡翻，舊人皆散，飄零鬢斑，牢騷歌懶。又遭時流欺謾，怎能得高臥加餐。

下官阮大鋮，別號圓海。詞章才子，科第名家；正做着光祿吟詩，恰合着步兵愛酒。黃金肝膽，指顧中原；白雪聲名，驅馳上國。可恨身家念重，勢利情多；偶投客魏之門，便入兒孫之列。那時權飛烈焰，用着他當道豺狼；今日勢敗寒灰，剩了俺枯林鴞鳥。人人唾罵，處處擊攻。細想起來，俺阮大鋮也是讀破萬卷之人，什麼忠佞賢奸，不能辨別？彼時既無失心之瘋，又非汗邪之病，怎的主意一錯，竟做了一個魏黨？〔跌足介〕纔題舊事，愧悔交加。罷了罷了！幸這京城寬廣，容的雜人，新在這褲子襠裡買了一所大宅，巧蓋園亭，精教歌舞，但有當事朝紳，肯來納交的，不惜物力，加倍趨迎。倘遇正人君子，憐而收之，也還不失為改過之鬼。〔悄語介〕若是天道好還，死灰有復燃之日。我阮鬍子呵！也顧不得名節，索性要倒行逆施了。這都不在話下。昨日文廟丁祭，受了復社少年一場痛辱，雖是他們孟浪，也是我自己多事。但不知有何法兒，可以結識這般輕薄。

〔搔首尋思介〕

【步步嬌】小子翩翩皆狂簡，結黨欺名宦，風波動幾番。撏落吟鬚，捶折書腕。無計雪深怨，叫俺閉戶空羞赧。

〔丑扮家人持帖上〕地僻疏冠蓋，門深隔燕鶯。稟老爺，有帖借戲。〔副淨看帖介〕通家教弟陳貞慧拜。〔驚介〕呵呀！這是宜興陳定生，聲名赫赫，是個了不得的公子，他怎肯向我借戲？〔問介〕那來人如何說來？〔丑〕來人說，還有兩位公子，叫什麼方密之、冒辟疆，都在雞鳴埭上吃酒，要看老爺新編的《燕子箋》，特來相借。〔副淨吩咐介〕速速上樓，發出那一副上好行頭；吩咐班裡人梳頭洗臉，隨箱快走。你也拿帖跟去，俱要仔細着。〔丑應下〕〔雜抬箱，衆戲子繞場下〕〔副淨喚丑介〕轉來。〔悄語介〕你到他席上，聽他看戲之時，議論什麼，速來報我。〔丑〕是。〔下〕〔副淨笑介〕哈哈！竟不

知他們目中還有下官，有趣有趣！且坐書齋，靜聽回話。〔虛下〕〔末巾服扮楊文驄上〕周郎扇底聽新曲，米老船中訪故人。

下官楊文驄，與圓海筆硯至交，彼之曲詞，我之書畫，兩家絕技，一代傳人。今日無事，來聽他燕子新詞，不免竟入。〔進介〕這是石巢園，你看山石花木，位置不俗，一定是華亭張南垣的手筆了。〔指介〕

【風入松】花林疏落石斑斕，收入倪黃畫眼。〔仰看，讀介〕「詠懷堂，孟津王鐸書」。〔贊介〕寫的有力量。〔下看介〕一片紅氍鋪地，此乃顧曲之所。草堂圖裡烏巾岸，好指點銀箏紅板。〔指介〕那邊是百花深處了，為甚的蕭條閉關，敢是新詞改，舊稿刪。

〔立聽介〕隱隱有吟哦之聲，圓老在內讀書。〔呼介〕圓兄，略歇一歇，性命要緊呀！〔副淨出見，大笑介〕我道是誰，原來是龍友。請坐，請坐！〔坐介〕〔末〕如此春光，為何閉戶？〔副淨〕只因傳奇四種，目下發刻；恐有錯字，在此對閱。

〔末〕正是，聞得《燕子箋》已授梨園，特來領略。〔副淨〕恰好今日全班不在。〔末〕那裡去了？〔副淨〕有幾位公子借去遊山。〔末〕且把鈔本賜教，權當《漢書》下酒罷。〔副淨喚介〕叫家僮安排酒酌，我要和楊老爺在此小飲。〔內〕曉得。

〔雜上排酒果介〕〔末、副淨同飲，看書介〕

【前腔】〔末〕新詞細寫烏絲闌，都是金淘沙揀。簪花美女心情慢，又逗出煙慵雲懶。看到此處，令人一往情深。這燕子啣春未殘，怕的楊花白，人鬢斑。

〔副淨〕蕪詞俚曲，見笑大方。〔讓介〕請乾一杯。〔同飲介〕〔丑急上〕傳將隨口話，報與有心人。稟老爺，小人到雞鳴埭上，看着酒斟十巡，戲演三折，忙來回話。〔副淨〕那公子們怎麼樣來？〔丑〕那公子們看老爺新戲，大加稱讚。

【急三鎗】點頭聽，擊節賞，停杯看。〔副淨喜介〕妙妙！他竟知道賞鑑哩。〔問介〕可曾說些什麼？〔丑〕他說真才子，筆不凡。

〔副淨驚介〕阿呀呀！這樣傾倒，卻也難得。〔問介〕再說什麼來？〔丑〕論文采，天仙吏，謫人間。好教執牛耳，主騷壇。

〔副淨佯恐介〕太過譽了，叫我難當，越往後看，還不知怎麼樣哩。〔吩咐介〕再去打聽，速來回話。〔丑急下〕〔副淨大笑介〕不料這班公子，倒是知己。〔讓介〕請乾一杯。

【風入松】俺呵！南朝看足古江山，翻閱風流舊案，花樓雨榭燈窗晚，嘔吐了心血無限。每日價琴對牆彈，知音賞，這一番。

〔末〕請問借戲的是那班公子？〔副淨〕宜興陳定生、桐城方密之、如皋冒辟疆，都是了不得學問，他竟服了小弟。〔末〕他們是不輕許可人的，這本《燕子箋》詞曲原好，有什麼說處。〔丑急上〕去如走兔，來似飛烏。稟老爺，小的又到雞鳴埭，看着戲演半本，酒席將完，忙來回話。〔副淨〕那公子又講些什麼？〔丑〕他說老爺呵！

【急三鎗】是南國秀，東林彥，玉堂班。〔副淨佯驚介〕句句是贊俺，益發惶恐。〔問介〕還說些什麼？〔丑〕他說為何投崔、魏，自摧殘。

〔副淨皺眉，拍案惱介〕只有這點點不才，如今也不必說了。〔問介〕還講些什麼？〔丑〕話多着哩，小人也不敢說了。〔副淨〕但說無妨。〔丑〕他說老爺呼親父，稱乾子，忝羞顏，也不過仗人勢，狗一般。

〔副淨怒介〕阿呀呀！了不得，竟罵起來了。氣死我也！

【風入松】平章風月有何關，助你看花對盞，新聲一部空勞贊。不把俺心情剖辯，偏加此惡謔毒訕，這欺侮受應難。

〔末〕請問這是為何罵起？〔副淨〕連小弟也不解，前日好好拜廟，受了五個秀才一頓狠打。今日好好借戲，又受這三個公子一頓狠罵。此後若不設個法子，如何出門。〔愁介〕〔末〕長兄不必吃惱，小弟倒有個法兒，未知肯依否？〔副淨喜介〕這等絕妙了，怎肯不依。〔末〕兄可知道，吳次尾是秀才領袖，陳定生是公子班頭，兩將罷兵，千軍解甲矣。〔副淨拍案介〕是呀！〔問介〕但不知誰可解勸？〔末〕別個沒用，只有河南侯朝宗，與兩君文酒至交，言無不聽。昨聞侯生閒居無聊，欲尋一秦淮佳麗。小弟已替他物色一人，名喚香君，色藝皆精，料中其意。長兄肯為出梳櫳之資，結其歡心，然後托他兩處分解，包管一舉雙擒。〔副淨拍手，笑介〕妙妙！好個計策。〔想介〕這侯朝宗原是敝年姪，應該料理的。〔問介〕但不知應用若干。

〔末〕妝奩酒席，約費二百餘金，也就豐盛了。〔副淨〕這不難，就送三百金到尊府，憑君區處便了。〔末〕那消許多。

〔末〕白門弱柳許誰攀，〔副淨〕文酒笙歌俱等閒；〔末〕惟有美人稱妙計，〔副淨〕憑君買黛畫春山。

第五齣　訪翠　癸未三月

【緱山月】〔生麗服上〕金粉未消亡，聞得六朝香，滿天涯煙草斷人腸。怕催花信緊，風風雨雨，悞了春光。

小生侯方域，書劍飄零，歸家無日。對三月豔陽之節，住六朝佳麗之場，雖是客況不堪，卻也春情難按。昨日會着楊龍友，盛誇李香君妙齡絕色，平康第一。現在蘇崑生教他吹歌，也來勸俺梳櫳；爭奈蕭索奚囊，難成好事。今日清明佳節，獨坐無聊，不免借步踏青，竟到舊院一訪，有何不可。〔行介〕

【錦纏道】望平康，鳳城東、千門綠楊。一路紫絲韁，引遊郎，誰家乳燕雙雙。〔丑扮柳敬亭上〕黃鶯鶯曉夢，白髮動春愁。〔喚介〕侯相公何處閒遊？〔生回頭見介〕原來是敬亭，來的好也；俺去城東踏青，正苦無伴哩。〔丑〕老漢無事，便好奉陪。〔同行介〕〔丑指介〕那是秦淮水榭。〔生〕隔春波，碧煙染窗；倚晴天，紅杏窺牆。〔丑指介〕這是長橋，我們慢慢的走。〔生〕一帶板橋長，閒指點茶寮酒舫。〔丑〕不覺來到舊院了。〔生〕聽聲聲賣花忙，穿過了條條深巷。〔丑指介〕這一條巷裡，都是有名姊妹家。〔生〕果然不同，你看黑漆雙門之上，插一枝帶露柳嬌黃。

〔丑指介〕這個高門兒，便是李貞麗家。〔生〕我問你，李香君住在那個門裡？〔丑〕香君就是貞麗的女兒。〔生〕妙妙！俺正要訪他，恰好到此。〔丑〕待我敲門。〔敲介〕〔內問介〕那個？〔丑〕常來走動的老柳，陪着貴客來拜。〔內〕貞娘、香姐，都不在家。〔丑〕那裡去了？〔內〕在卞姨娘家做盒子會哩。〔丑〕正是，我竟忘了，今日是盛會。〔生〕為何今日做會？〔丑拍腿介〕老腿走乏了，且在這石磴上略歇一歇，從容告你。〔同坐介〕〔丑〕相公不知，這院中名妓，結為手帕姊妹，就像香火兄弟一般，每遇時節，便做盛會。

【朱奴剔銀燈】結羅帕，煙花雁行；逢令節，齊門新妝。〔生〕是了，今日清明佳節，故此皆去赴會，但不知怎麼叫做盒子會。〔丑〕赴會之日，各攜一副盒兒，都是鮮物異品，有海錯、江瑤、玉液漿。〔生〕會期做些甚麼？〔丑〕大家比較技藝，撥琴阮，笙簫嘹喨。〔生〕這樣有趣，也許子弟入會麼？〔丑搖手介〕不許不許！最怕的是子弟混鬧，深深鎖住樓門，只許樓下賞鑑。〔生〕賞鑑中意的如何會面？〔丑〕若中了意，便把物事拋上樓頭，他樓上也便拋下菓子來。相當，竟飛來捧觴，密約在芙蓉錦帳。

〔生〕既然如此，小生也好走走了。〔丑〕走走何妨。〔生〕只不知卞家住在那廂？〔丑〕住在煖翠樓，離此不遠，即便同行。〔行介〕〔生〕掃墓家家柳。〔丑〕吹餳處處簫。〔生〕鶯花三里巷。〔丑〕煙水兩條橋。〔指介〕此間便是，相公請進。〔同入介〕〔末扮楊文驄、淨扮蘇崑生迎上〕〔末〕鬧陪簇簇鶯花隊，〔淨〕同望迢迢粉黛圍。〔見介〕〔末〕侯世兄怎肯到此，難得難得！〔生〕聞楊兄今日去看阮鬍子，不想這裡遇着。〔淨〕特為侯相公喜事而來。〔丑〕請坐。〔俱坐〕〔生望介〕好個煖翠樓！

【鴈過聲】端詳，窗明院敞，早來到溫柔睡鄉。〔問介〕李香君為何不見？〔末〕現在樓頭。〔淨指介〕你看，樓頭奏技了。〔內吹笙、笛介〕〔生聽介〕鸞笙鳳管雲中響，〔內彈琵琶、箏介〕〔生聽介〕絃悠揚，〔內打雲鑼介〕〔生聽介〕玉玎璫，一聲聲亂我柔腸。〔內吹簫介〕〔生聽介〕翺翔雙鳳凰。〔大叫介〕這幾聲簫，吹的我消魂，小生忍不住要打采了。〔取扇墜拋上樓介〕海南異品風飄蕩，要打着美人心上癢！

〔內將白汗巾包櫻桃拋下介〕〔丑〕有趣有趣！擲下菓子來了。〔淨解汗巾，傾櫻桃盤內介〕好奇怪，如今竟有櫻桃了。〔生〕不知是那個擲來的，若是香君，豈不可喜。〔末取汗巾看介〕看這一條冰綃汗巾，有九分是他了。〔小旦扮李貞麗捧茶壺，領香君捧花瓶上〕〔小旦〕香草偏隨蝴蝶扇，美人又下鳳凰臺。〔淨驚指介〕都看天人下界了。〔丑合掌介〕阿彌陀佛。〔衆起介〕〔末拉生介〕世兄認認，這是貞麗，這是香君。〔生見小旦介〕小生河南侯朝宗，一向渴慕，今纔遂願。〔見旦介〕果然妙齡絕色，龍老賞鑑，真是法眼。〔坐介〕〔小旦〕虎邱新茶，泡來奉敬。〔斟茶〕〔衆飲介〕〔旦〕綠楊紅杏，點綴新節。〔衆贊介〕有趣有趣！煮茗看花，可稱雅集矣。〔末〕如此雅集，不可無酒。〔小旦〕酒已備下，玉京主會，不得下樓奉陪，賤妾代東罷。〔喚介〕保兒盪酒來！〔雜提酒上〕〔小旦〕何不行個令兒，大家歡飲？〔丑〕敬侯主人發揮。〔小旦〕怎敢僭越。〔淨〕這是院中舊例。〔小旦取骰盆介〕得罪了。〔喚介〕香君把盞，待我擲色奉敬。〔衆〕遵令。〔小旦宣令介〕酒要依次流飲，每一杯乾，各獻所長，便是酒底。幺為櫻桃，二為茶，三為柳，四為杏花，五為香扇墜，六為冰綃汗巾。〔喚介〕香君敬侯相公酒。〔旦斟生飲介〕〔小旦擲色介〕是香扇墜。〔讓介〕侯相公速乾此杯，請說酒底。〔生告乾介〕小生做首詩罷。〔吟介〕南國佳人佩，休教袖裡藏；隨郎團扇影，搖動一身香。〔末〕好詩，好詩！〔丑〕好個香扇墜，只怕搖擺壞了。〔小旦〕該奉楊老爺酒了。〔旦斟、末飲介〕〔小旦擲介〕是冰綃汗巾。〔末〕我也做詩了。〔小旦〕不許雷同。〔末〕也罷，下官做個破承題罷。〔念介〕覩拭汗之物而春色撩人矣。夫汗之沾巾，必由於春之生面也。伊何人之面，而以冰綃拭之；紅素相着之際，不亦深可愛也耶？〔生〕絕妙佳章。〔丑〕這樣好文彩，還該中兩榜纔是。〔旦斟丑酒介〕柳師父請酒。〔小旦擲色介〕是茶。〔丑飲酒介〕我道恁薄。〔小旦笑介〕非也，你的酒底是茶。〔丑〕待我說個張三郎吃茶罷。〔小旦〕說書太長，說個笑話更好。〔丑〕就說笑話。〔說介〕蘇東坡同黃山谷訪佛印禪師，東坡送了一把定瓷壺，山谷送了一斤陽羨茶。三人松下品茶，佛印說：「黃秀才茶癖天下聞名，但不知蘇鬍子的茶量何如；

今日何不鬥一鬥，分個誰大誰小。」東坡說：「如何鬥來？」佛印說：「你問一機鋒，叫黃秀才答。他若答不來，吃你一棒，我便記一筆：黥子打了秀才了。你若答不來，也吃黃秀才一棒，我便記一筆：秀才打了黥子了。末後總算，打一下吃一碗。」東坡說：「就依你說。」東坡先問：「沒鼻針如何穿線？」山谷答：「把針尖磨去。」佛印說：「答的好。」山谷問：「沒把葫蘆怎生拿？」東坡答：「拋在水中。」佛印說：「答的也不錯。」東坡又問：「虱在袴中，有見無見？」山谷未及答，東坡持棒就打。山谷正拿壺子斟茶，失手落地，打個粉碎。東坡大叫道：「和尚記着，黥子打了秀才了。」佛印笑道：「你聽哄啷一聲，黥子沒打着秀才，秀才倒打了壺子了。」〔衆笑介〕〔丑〕衆位休笑，秀才利害多着哩。〔彈壺介〕這樣硬壺子都打壞，何況軟壺子。〔生〕敬老妙人，隨口詼諧，都是機鋒。〔小旦〕香君，敬你師父。〔旦斟、淨飲介〕〔小旦擲介〕是杏花。〔淨唱介〕「晚妝樓上杏花殘，猶自怯衣單。」〔旦向小旦介〕孩兒敬媽媽酒了。〔小旦飲乾，擲介〕是櫻桃。〔淨〕讓我代唱罷。〔唱介〕「櫻桃紅綻，玉粳白露，半晌恰方言。」〔丑〕崑生該罰了，唱的唇上櫻桃，不是盤中櫻桃。〔淨〕領罰。〔自斟，飲介〕〔小旦〕香君該自斟自飲了。〔生〕待小生奉敬。〔生斟、旦飲介〕〔小旦擲介〕不消猜，是柳了，香君唱來。〔旦羞介〕〔小旦〕孩兒靦腆，請個代筆相公罷。〔擲介〕三點，是柳師父。〔淨〕好好！今日是他當值之日。〔丑〕我老漢姓柳，飄零半世，最怕的是「柳」字。今日清明佳節，偏把個柳圈兒套住我老狗頭。〔衆大笑介〕〔淨〕算了你的笑話罷。〔生〕酒已有了，大家別過。〔丑〕才子佳人，難得聚會。〔拉生、旦介〕你們一對兒，吃個交心酒何如。〔旦羞，遮袖下〕〔淨〕香君面嫩，當面不好講得；前日所訂梳櫳之事，相公意下允否？〔生笑介〕秀才中狀元，有甚麼不肯處。〔小旦〕既蒙不棄，擇定吉期，賤妾就要奉攀了。〔末〕這三月十五日，花月良辰，便好成親。〔生〕只是一件，客囊羞澀，恐難備禮。〔末〕這不須愁，妝奩酒席，待小弟備來。〔生〕怎好相累。〔末〕當得効力。〔生〕多謝了。

【小桃紅】誤走到巫峰上，添了些行雲想，匆匆忘卻仙模樣。春宵花月休成謊，良緣到手難推讓，準備着身赴高唐。

〔作辭介〕〔小旦〕也不再留了。擇定十五日，請下清客，邀下姊妹，奏樂迎親罷。〔小旦下〕〔丑向淨介〕阿呀！忘了，忘了，咱兩個不得奉陪了。〔末〕為何？〔淨〕黃將軍船泊水西門，也是十五日祭旗，約下我們吃酒的。〔生〕這等怎處？〔末〕還有丁繼之、沈公憲、張燕筑，都是大清客，借重他們陪陪罷。

〔淨〕煖翠樓前粉黛香，〔末〕六朝風致說平康；〔丑〕踏青歸去春猶淺，〔生〕明日重來花滿床。

第六齣　眠香

癸未三月

【臨江仙】〔小旦豔粧上〕短短春衫雙捲袖，調箏花裡迷樓。今朝全把繡簾鉤，不教金線柳，遮斷木蘭舟。

妾身李貞麗，只因孩兒香君，年及破瓜，梳櫳無人，日夜放心不下。幸虧楊龍友，替俺招了一位世家公子，就是前日飲酒的侯朝宗，家道才名，皆稱第一。今乃上頭吉日，大排筵席，廣列笙歌，清客俱到，姊妹全來，好不費事。〔喚介〕保兒那裡？〔雜扮保兒掮扇慢上〕席前攙趣話，花裡聽情聲。媽媽喚保兒那處送衾枕麼？〔小旦怒介〕啐！今日香姐上頭，貴人將到，你還做夢哩。快快捲簾掃地，安排桌椅。〔雜〕是了。〔小旦指點排席介〕

【一枝花】〔末新服上〕園桃紅似繡，豔覆文君酒；屏開金孔雀，圍春晝。滌了金甌，點着噴香獸。這當壚紅袖，誰最溫柔，拉與相如消受。

下官楊文驄，受圓海囑託，來送梳櫳之物。〔喚介〕貞娘那裡？〔小旦見介〕多謝作伐，喜筵俱已齊備。〔問介〕怎麼官人還不見到？〔末〕想必就來。〔笑介〕下官備有箱籠數件，為香君助妝，教人搬來。〔雜抬箱籠、首飾、衣物上〕〔末吩咐介〕抬入洞房，鋪陳齊整着！〔雜應下〕〔小旦喜謝介〕如何這般破費，多謝老爺！〔末袖出銀介〕還有備席銀三十兩，交與廚房；一應酒殽，俱要豐盛。〔小旦〕益發當不起了。〔喚介〕香君快來！〔旦盛妝上〕〔小旦〕楊老爺賞了許多東西，上前拜謝。〔旦拜謝介〕〔末〕些須薄意，何敢當謝，請回，請回。〔旦即入介〕〔雜急上報介〕新官人到門了。〔生盛服從人上〕雖非科第天邊客，也是嫦娥月裡人。〔末、小旦迎見介〕〔末〕恭喜世兄，得了平康佳麗；小弟無以為敬，草辦妝奩，粗陳筵席，聊助一宵之樂。〔生揖介〕過承周旋，何以克當。〔小旦〕請坐，獻茶。〔俱坐〕〔雜捧茶上，飲介〕〔末〕一應喜筵，安排齊備了麼？〔小旦〕托賴老爺，件件完全。〔末向生拱介〕今日吉席，小弟不敢攙越，竟此告別，明日早來道喜罷。〔生〕同坐何妨。〔末〕不便，不便。〔別下〕〔雜〕請新官人更衣。〔生更衣介〕〔小旦〕妾身不得奉陪，替官人打扮新婦，攛掇喜酒罷。〔別下〕〔副淨、外、淨扮三清客上〕一生花月張三影，五字宮商李二紅。〔副淨〕在下丁繼之。〔外〕在下沈公憲。〔淨〕在下張燕筑。〔副淨〕今日吃侯公子喜酒，只得早到。〔淨〕不知請那幾位賢歌來陪俺哩。〔外〕

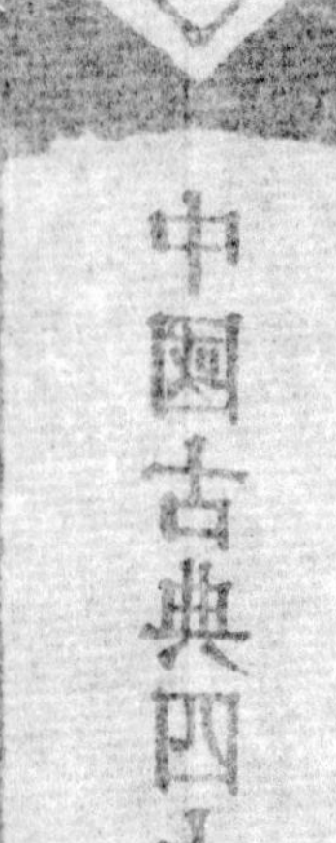

說是舊院幾個老在行。〔淨〕這等都是我梳櫳的了。〔副淨〕你有多大家私，梳櫳許多。〔淨〕各人有幫手，你看今日侯公子，何曾費了分文。〔外〕不要多話，侯公子堂上更衣，大家前去作揖。〔衆與生揖介〕〔衆〕恭喜，恭喜！〔生〕今日借光。

〔小旦、老旦、丑扮三妓女上〕情如芳草連天醉，身似楊花盡日忙。〔見介〕〔淨〕喚的那一部歌妓，都報名來。〔丑〕你是教坊司麼，叫俺報名。〔生笑介〕正要請教大號。〔老旦〕賤妾卞玉京。〔生〕果然玉京仙子。〔小旦〕賤妾寇白門。〔生〕果然白門柳色。〔丑〕奴家鄭妥娘。〔生沈吟介〕果然妥當不過。〔淨〕不妥，不妥！〔外〕怎麼不妥？〔淨〕好偷漢子。〔丑〕呸！我不偷漢，你如何吃得恁胖！〔衆諢笑介〕〔老旦〕官人在此，快請香君出來罷。〔小旦、丑扶香君上〕〔外〕我們做樂迎接。〔副淨、淨、外吹打十番介〕〔生、旦見介〕〔丑〕俺院中規矩，不興拜堂，就吃喜酒罷。〔生、旦上坐〕

〔副淨、外、淨坐左邊介〕〔小旦、老旦、丑坐右邊介〕〔雜執壺上〕〔左邊奉酒，右邊吹彈介〕

【梁州序】〔生〕齊梁詞賦，陳隋花柳，日日芳情迤逗。青衫偎倚，今番小杜揚州。尋思描黛，指點吹簫，從此春人手。秀才渴病急須救，偏是斜陽遲下樓，剛飲得一杯酒。

〔右邊奉酒，左邊吹彈介〕

【前腔】〔旦〕樓臺花顫，簾櫳風抖，倚着雄姿英秀。春情無限，金釵肯與梳頭。閒花添豔，野草生香，消得夫人做。今宵燈影紗紅透，見慣司空也應羞，破題兒真難就。

〔副淨〕你看紅日啣山，烏鴉選樹，快送新人回房罷。〔外〕且不要忙，侯官人當今才子，梳櫳了絕代佳人，合歡有酒，豈可定情無詩乎？〔淨〕說的有理，待我磨墨拂箋，伺候揮毫。〔生〕不消詩箋，小生帶有宮扇一柄，就題贈香君，永為訂盟之物罷。

〔丑〕妙，妙！我來捧硯。〔小旦〕看你這嘴臉，只好脫靴罷了。〔老旦〕這個硯兒，倒該借重香君。〔衆〕是呀！〔旦捧硯，生書扇介〕〔衆念介〕夾道朱樓一徑斜，王孫初御富平車。青溪盡是辛夷樹，不及東風桃李花。〔衆〕好詩，好詩！香君收了。

〔旦收扇袖中介〕〔丑〕俺們不及桃李花罷了，怎的便是辛夷樹？〔淨〕辛夷樹者，枯木逢春也。〔丑〕如今枯木逢春，也曾鮮花着雨來。〔雜持詩箋上〕楊老爺送詩來了。〔生接讀介〕生小傾城是李香，懷中婀娜袖中藏；緣何十二巫峰女，夢裡偏來見楚王。〔生笑介〕此老多情，送來一首催妝詩，妙絕，妙絕！〔淨〕「懷中婀娜袖中藏」，說的香君一搦身材，竟是個香扇墜兒。〔丑〕他那香扇墜，能值幾文，怎比得我這琥珀貓兒墜。〔衆笑介〕〔副淨〕大家吹彈起來，勸新人多飲幾杯。〔丑〕正是帶些酒興，好入洞房。〔左右吹彈，生、旦交讓酒介〕

【節節高】〔生、旦〕金樽佐酒籌，勸不休，沈沈玉倒黃昏後。私攜手，眉黛愁，香肌瘦。春宵一刻天長久，人前怎解芙蓉扣。盼到燈昏玳筵收，宮壺滴盡蓮花漏。

〔副淨〕你聽譙樓二鼓，天氣太晚，撤了席罷。〔淨〕這樣好席，不曾吃淨就撤去了，豈不可惜。〔丑〕我沒吃夠哩，衆位略等一等兒。〔老旦〕休得胡纏，大家奏樂，送新人入房罷。〔衆起吹打十番，送生、旦介〕

【前腔】〔合〕笙簫下畫樓，度清謳，迷離燈火如春晝。天台岫，逢阮劉，真佳偶。重重錦帳香薰透，旁人妒得眉頭皺。酒態扶人太風流，貪花福分生來有。

〔雜執燈，生、旦攜手下〕〔淨〕我們都配成對兒，也去睡罷。〔丑〕老張休得妄想，我老妥是要現錢的。〔淨數與十文錢，拉介〕〔丑接錢再數，換低錢，諢下〕

【尾聲】〔合〕秦淮煙月無新舊，脂香粉膩滿東流，夜夜春情散不收。

〔副淨〕江南花發水悠悠，〔小旦〕人到秦淮解盡愁；〔外〕不管烽煙家萬里，〔老旦〕五更懷裡囀歌喉。

第七齣　卻奩　癸未三月

〔雜扮保兒掇馬桶上〕龜尿龜尿，撒出小龜；鱉血鱉血，變成小鱉。龜尿鱉血，看不分別；鱉血龜尿，說不清白。看不分別，混了親爹；說不清白，混了親伯。〔笑介〕胡鬧，胡鬧！昨日香姐上頭，亂了半夜；今日早起，又要刷馬桶，倒溺壺，忙個不了。那些孤老、表子，還不知摟到幾時哩。〔刷馬桶介〕

【夜行船】〔末〕人宿平康深柳巷，驚好夢門外花郎。繡戶未開，簾鉤纔響，春阻十層紗帳。

下官楊文驄，早來與侯兄道喜。你看院門深閉，侍婢無聲，想是高眠未起。〔喚介〕保兒，你到新人窗外，說我早來道喜。〔雜〕昨夜睡遲了，今日未必起來哩。老爺請回，明日再來罷。〔末笑介〕胡說！快快去問。〔小旦內問介〕保兒！來的是那一個？〔雜〕是楊老爺道喜來了。〔小旦忙上〕倚枕春宵短，敲門好事多。〔見介〕多謝老爺，成了孩兒一世姻緣。〔末〕好說。〔問介〕

新人起來不曾？〔小旦〕昨晚睡遲，都還未起哩。〔讓坐介〕老爺請坐，待我去催他。〔末〕不必，不必。〔小旦下〕

【步步嬌】〔末〕兒女濃情如花釀，美滿無他想，黑甜共一鄉。可也虧了俺幫襯，珠翠輝煌，羅綺飄蕩，件件助新妝，懸出風流榜。

〔小旦上〕好笑，好笑！兩個在那裡交扣丁香，並照菱花，梳洗纔完，穿戴未畢。請老爺同到洞房，喚他出來，好飲扶頭卯酒。

〔末〕驚卻好夢，得罪不淺。〔同下〕〔生、旦豔妝上〕

【沈醉東風】〔生、旦〕這雲情接着雨況，剛搔了心窩奇癢，誰攬起睡鴛鴦。被翻紅浪，喜匆匆滿懷歡暢。枕上餘香，帕上餘香，消魂滋味，纔從夢裡嘗。

〔末、小旦上〕〔末〕果然起來了，恭喜，恭喜！〔一揖，坐介〕〔末〕昨晚催妝拙句，可還說的入情麼。〔生揖介〕多謝！

〔笑介〕妙是妙極了，只有一件。〔末〕那一件？〔生〕香君雖小，還該藏之金屋。〔看袖介〕小生衫袖，如何着得下？〔俱笑介〕

〔末〕夜來定情，必有佳作。〔生〕草草塞責，不敢請教。〔末〕詩在那裡？〔旦〕詩在扇頭。〔旦向袖中取出扇介〕〔末接看介〕是一柄白紗宮扇。〔嗅介〕香的有趣。〔吟詩介〕妙，妙！只有香君不愧此詩。〔付旦介〕還收好了。〔旦收扇介〕

【園林好】〔末〕正芬芳桃香李香，都題在宮紗扇上；怕遇着狂風吹蕩，須緊緊袖中藏，須緊緊袖中藏。

〔末看旦介〕你看香君上頭之後，更覺豔麗了。〔向生介〕世兄有福，消此尤物。〔生〕香君天姿國色，今日插了幾朵珠翠，穿了一套綺羅，十分花貌，又添二分，果然可愛。〔小旦〕這都虧了楊老爺幫襯哩。

【江兒水】送到纏頭錦，百寶箱，珠圍翠繞流蘇帳，銀燭籠紗通宵亮，金杯勸酒合席唱。今日又早早來看，恰似親生自養，賠了妝奩，又早敲門來望。

〔旦〕俺看楊老爺，雖是馬督撫至親，卻也拮据作客，為何輕擲金錢，來填煙花之窟？在奴家受之有愧，在老爺施之無名；今日問個明白，以便圖報。〔生〕香君問得有理，小弟與楊兄萍水相交，昨日承情太厚，也覺不安。〔末〕既蒙問及，小弟只得實告了。這些妝奩酒席，約費二百餘金，皆出懷寧之手。〔生〕那個懷寧？〔末〕曾做過光祿的阮圓海。〔生〕是那皖人阮大鋮麼？〔末〕正是。〔生〕他為何這樣周旋？〔末〕不過欲納交足下之意。

【五供養】〔末〕羨你風流雅望，東洛才名，西漢文章。逢迎隨處有，爭看坐車郎。秦淮妙處，暫尋個佳人相傍，也要些鴛鴦被、芙蓉妝；你道是誰的，是那南鄰大阮，嫁衣全忙。

〔生〕阮圓老原是敝年伯，小弟鄙其為人，絕之已久。他今日無故用情，令人不解。〔末〕圓老有一段苦衷，欲見白於足下。

〔生〕請教。〔末〕圓老當日曾遊趙夢白之門，原是吾輩。後來結交魏黨，只為救護東林，不料魏黨一敗，東林反與之水火。近日復社諸生，倡論攻擊，大肆毆辱，豈非操同室之戈乎？圓老故交雖多，因其形跡可疑，亦無人代為分辯。每日向天大哭，說道：「同類相殘，傷心慘目，非河南侯君，不能救我。」所以今日諄諄納交。〔生〕原來如此，俺看圓海情辭迫切，亦覺可憐。就便真是魏黨，悔過來歸，亦不可絕之太甚，況罪有可原乎？定生、次尾，皆我至交，明日相見，即為分解。〔末〕果然如此，吾黨之幸也。〔旦怒介〕官人是何等說話，阮大鋮趨附權奸，廉恥喪盡；婦人女子，無不唾罵。他人攻之，官人救之，官人自處於何等也？

【川撥棹】不思想，把話兒輕易講。要與他消釋災殃，要與他消釋災殃，也提防旁人短長。官人之意，不過因他助俺妝奩，便要徇私廢公；那知道這幾件釵釧衣裙，原放不到我香君眼裡。〔拔簪脫衣介〕脫裙衫，窮不妨；布荊人，名自香。

〔末〕阿呀！香君氣性，忒也剛烈。〔小旦〕把好好東西，都丟一地，可惜，可惜！〔拾介〕〔生〕好，好，好！這等見識，我倒不如，真乃侯生畏友也。〔向末介〕老兄休怪，弟非不領教，但恐為女子所笑耳。

【前腔】〔生〕平康巷，他能將名節講；偏是咱學校朝堂，偏是咱學校朝堂，混賢奸不問青黃。那些社友平日重俺侯生者，也只為這點義氣；我若依附奸邪，那時羣起來攻，自救不暇，焉能救人乎？節和名，非泛常；重和輕，須審詳。

〔末〕圓老一段好意，也還不可激烈。〔生〕我雖至愚，亦不肯從井救人。〔末〕既然如此，小弟告辭了。〔生〕這些箱籠，原是阮家之物，香君不用，留之無益，還求取去罷。〔末〕正是「多情反被無情惱，乘興而來興盡還」。〔下〕〔旦惱介〕

〔生看旦介〕俺看香君天姿國色，摘了幾朵珠翠，脫去一套綺羅，十分容貌，又添十分，更覺可愛。〔小旦〕雖如此說，捨了許多東西，倒底可惜。

【尾聲】金珠到手輕輕放，慣成了嬌癡模樣，辜負俺辛勤做老娘。

〔生〕些須東西，何足掛念，小生照樣賠來。〔小旦〕這等纔好。

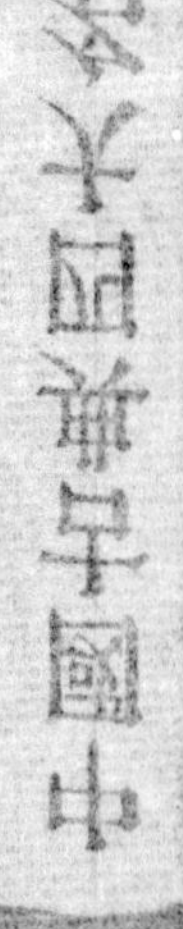

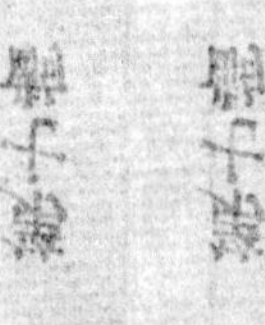

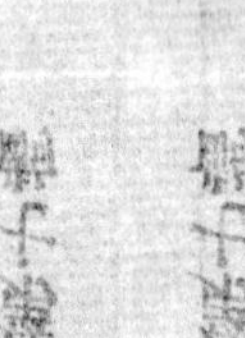

〔小旦〕花錢粉鈔費商量，〔旦〕裙布釵荊也不妨；〔生〕只有湘君能解佩，〔旦〕風標不學世時妝。

第八齣　鬧榭　癸未五月

【金雞叫】〔末、小生扮陳貞慧、吳應箕上〕〔末〕貢院秦淮近，賽青衿，剩金零粉。〔小生〕節鬧端陽只一瞬，滿眼繁華，王謝少人問。

〔末喚小生介〕次尾兄，我和你旅邸抑鬱，特到秦淮賞節，怎的不見同社一人？〔小生〕想都在燈船之上。〔指介〕這是丁繼之水榭，正好登眺。〔場上搭河房一座，懸燈垂簾〕〔同登介〕〔末喚介〕丁繼老在家麼？〔雜扮小童上〕榴花紅似火，艾葉碧如煙。〔見介〕原來是陳、吳二位相公，我家主人赴燈船會去了。家中備下酒席，但有客來，隨便留坐的。〔末〕這樣有趣，〔小生〕可稱主人好事矣。〔末〕我們在此雅集，恐有俗子闖入，不免設法拒絕他。〔喚介〕童子取個燈籠來。

〔雜應下〕〔取燈籠上〕〔末寫介〕「復社會文，閒人免進。」〔雜掛燈籠介〕〔小生〕若同社朋友到此，便該請他入會了。

〔末〕正是。〔雜指介〕你聽鼓吹之聲，燈船早已來了。〔末、小生憑欄望介〕〔生、旦雅妝同丑扮柳敬亭、淨扮蘇崑生，吹彈鼓板坐船上〕

【八聲甘州】〔末〕絲竹隱隱，載將來一隊烏帽紅裙。天然風韻，映着柳陌斜曛。名姝也須名士襯，畫舫偏宜畫閣鄰。〔小生〕消魂，趁晚涼仙侶同羣。

〔末指介〕那燈船上，好似侯朝宗。〔小生〕侯朝宗是我們同社，該請入會的。〔末指介〕那個女客便是李香君，也好請他麼？〔小生〕李香君不受阮鬍子妝奩，竟是復社的朋友，請來何妨。〔末〕這等說來，〔指介〕那兩個吹歌的柳敬亭、蘇崑生，不肯做阮鬍子門客，都是復社朋友了。請上樓來，更是有趣。〔小生〕待我喚他。〔喚介〕侯社兄，侯社兄！〔生望見介〕那水榭之上，高聲喚我的，是陳定生、吳次尾。〔拱介〕請了。〔末招手介〕這是丁繼之水榭，備有酒席，侯兄同香君、敬亭、崑生都上樓來，大家賞節罷。〔生〕最妙了。〔向丑、淨、旦介〕我們同上樓去。〔吹彈上介〕

【排歌】〔生、旦〕龍舟並，畫槳分，葵花蒲葉泛金樽。朱樓密，紫障勻，吹簫打鼓入層雲。

〔見介〕〔末〕四位到來，果然成了個「復社文會」了。〔生〕如何是「復社文會」？〔小生指燈介〕請看。〔生看燈籠介〕不知今日會文，小弟來的恰好。〔丑〕「閒人免進」，我們未免唐突了。〔小生〕你們不肯做阮家門客的，那個不是復社朋友？

〔生〕難道香君也是復社朋友麼？〔小生〕香君卻奩一事，只怕復社朋友還讓一籌哩。〔末〕已後竟該稱他老社嫂了。〔旦笑介〕豈敢。〔末喚介〕童子把酒來斟，我們賞節。〔末、小生、生坐一邊，丑、淨、旦坐一邊。飲酒介〕

【八聲甘州】〔末、小生〕相親，風流俊品，滿座上都是語笑春溫。〔丑、淨〕梁愁隋恨，憑他燕惱鶯嗔。〔生、旦〕榴花照樓如火噴，暑汗難沾白玉人。〔雜報介〕燈船來了，燈船來了。〔指介〕你看人山人海，圍着一條燭龍，快快看來！〔衆起憑欄看介〕〔扮出燈船懸五色角燈，大鼓大吹繞場數回下〕〔丑〕你看這般富麗，都是公侯勳衛之家。〔又扮燈船懸五色紗燈，打粗十番，繞場數回下〕

〔淨〕這是些富商大賈，衙門書辦，卻也鬧熱。〔又扮燈船懸五色紙燈，打細十番，繞場數回下〕〔末〕你看船上吃酒的，都是些翰林部院老先生們。〔小生〕我輩的施為，倒底有些「郊寒島瘦」。〔衆笑介〕〔合〕紛紜，望金波天漢迷津。

〔生〕夜闌更深，燈船過盡了，我們做篇詩賦，也不負會文之約。〔末〕是，是，但不知做何題目？〔小生〕做一篇哀湘賦，倒有意思的。〔生〕依小弟愚見，不如即景聯句，更覺暢懷。〔末〕妙，妙！〔問介〕我三人誰起誰結？〔生〕自然讓定生兄起結了。〔丑問介〕三位相公聯句消夜，我們三個陪着打盹麼？〔末〕也有個借重之處。〔淨〕有何使喚？〔末〕俺們每成四韻，飲酒一杯，你們便吹彈一回。〔生〕有趣，有趣！真是文酒笙歌之會。〔末拱介〕小弟竟僭了。〔吟介〕賞節秦淮榭，論心劇孟家。〔小生〕黃開金裹葉，紅綻火燒花。〔生〕蒲劍何須試，葵心未肯差。〔末〕辟兵逢綵縷，卻鬼得丹砂。〔末、小生、生飲酒，丑擊雲鑼，淨彈月琴，旦吹簫一回介〕〔小生〕蜃市樓縹緲，虹橋洞曲斜。〔生〕燈疑羲氏馭，舟是豢龍拏。〔末〕星宿纔離海，玻璃更煉媧。〔小生〕光流銀漢水，影動赤城霞。〔照前介〕〔生〕玉樹難諧拍，漁陽不辨撾。〔末〕龜年喧笛管，中散鬧箏琶。〔小生〕繫纜千條錦，連窗萬眼紗。〔生〕楸枰停斗子，瓷注屢呼茶。〔照前介〕〔末〕焰比焚椒列，聲同對壘譁。〔小生〕電雷爭此夜，珠翠賸誰家。〔生〕螢照無人苑，烏啼有樹衙。〔末〕憑欄人散後，作賦弔長沙。〔照前介〕〔衆起介〕〔末〕有趣，有趣！竟聯成一十六韻，明日可以發刻了。〔小生〕我們倡和得許多感慨，他們吹彈出無限淒涼，樓下船中，料無解人也。〔淨向丑介〕閒話且休講，自古道良宵苦短，勝事難逢。我兩個一邊唱曲，陳、吳二位相公一邊勸酒，讓他名士、美人，另做一個風流佳會何如。〔丑〕使得，這是我們幫閒本等也。〔末〕我與次兄原有主道，

正該少申敬意。〔小生〕就請依次坐來。〔生、旦正坐，末、小生坐左，丑、淨坐右介〕〔生向旦介〕承衆位雅意，讓我兩個並坐牙床，又吃一回合巹雙杯，倒也有趣。〔旦微笑介〕〔末、小生勸酒，淨、丑唱介〕

【排歌】歌纔發，燈未昏，佳人重抖玉精神。詩題壁，酒沾唇，才郎偏會語溫存。

〔雜報介〕燈船又來了。〔末〕夜已三更，怎的還有燈船？〔俱起憑欄看介〕〔副淨扮阮大鋮，坐燈船。雜扮優人，細吹細唱緩緩上〕〔淨〕這船上像些老白相，大家洗耳，細細領略。〔副淨立船頭自語介〕我阮大鋮買舟載歌，原要早出遊賞；只恐遇着輕薄廝鬧，故此半夜纔來，好惱人也！〔指介〕那丁家河房，尚有燈火。〔喚介〕小廝，看有何人在上？〔雜上岸看，回報介〕燈籠上寫着「復社會文，閒人免進」。〔副淨驚介〕了不得，了不得！〔搖袖介〕快歇笙歌，快滅燈火。〔滅燈、止吹，悄悄撑船下〕〔末〕好好一隻燈船，為何歇了笙歌，滅了燈火，悄然而去？〔小生〕這也奇怪，快着人看來。〔丑〕不必去看，我老眼雖昏，早已看真了。那個鬍子，便是阮圓海。〔淨〕我道吹歌那樣不同。〔末怒介〕好大膽老奴才，這貢院之前，也許他來遊耍麼！〔小生〕待我走去，採掉他鬍子。〔欲下介〕〔生攔介〕罷，罷！他既迴避，我們也不必為已甚之行。〔末〕侯兄，不知我不已甚，他便已甚了。〔丑〕船已去遠，丟開手罷。〔小生〕便益了這鬍子。〔旦〕夜色已深，大家散罷。〔丑〕香姐想媽媽了，我們送他回去。〔末、小生〕我二人不回寓，就下榻此間了。〔生〕兩兄既不回寓，我們過船的，就此作別罷。請了。〔末、小生〕請了。〔先下〕〔生、旦、丑、淨下船，雜搖船行介〕

【餘文】下樓臺，遊人盡；小舟留得一家春，只怕花底難敲深夜門。

〔生〕月落煙濃路不真，〔旦〕小樓紅處是東鄰；〔丑〕秦淮一里盈盈水，〔淨〕夜半春帆送美人。

第九齣　撫兵　癸未七月

【點絳唇】〔副淨、末扮二將官，雜扮四小卒上〕旗捲軍牙，射潮弩發鯨鯢怕。操弓試馬，鼓角斜陽下。

俺們鎮守武昌兵馬大元帥寧南侯麾下將士是也。今日點卯日期，元帥升帳，只得在此伺候。〔吹打開門介〕

【粉蝶兒】〔小生戎裝，扮左良玉上〕七尺昂藏，虎頭燕頷如畫，莽男兒走遍天涯。活騎人，飛食肉，風雲叱咤。報國恩，一腔熱血揮灑。

建牙吹角不聞喧，三十登壇衆所尊；家散萬金酬士死，身留一劍答君恩。咱家左良玉，表字崑山，家住遼陽，世為都司，只因得罪罷職，補糧昌平。幸遇軍門侯恂，拔於走卒，命為戰將，不到一年，又拜總兵之官。北討南征，功加侯伯；強兵勁馬，列鎮荊襄。〔作勢介〕看俺左良玉，自幼習學武藝，能挽五石之弓，善為左右之射；那李自成、張獻忠幾個毛賊，何難勦滅。只可恨督師無人，機宜錯過，熊文燦、楊嗣昌既以偏私而敗績，丁啟睿、呂大器又因怠玩而無功。只有俺恩帥侯公，智勇兼全，儘能經理中原；不意奸人忌功，纔用即休，叫俺一腔熱血，報主無期，好不恨也！〔頓足介〕罷，罷，罷！這湖南、湖北，也還可戰可守，且觀成敗，再定行藏。〔坐介〕〔內作衆兵喊叫，小生驚問介〕轅門之外，何人喧譁？〔副淨、末稟介〕稟上元帥，轅門肅靜，誰敢喧譁！〔小生怒介〕現在喧譁，怎報沒有！〔副淨、末〕那是飢兵討餉，並非喧譁。〔小生〕哇！前自湖南借糧三十船，不到一月，難道支完了？〔副淨、末〕稟元帥，本鎮人馬已足三十萬了，些須糧草，那夠支銷。〔小生拍案介〕啊呀！這等卻也難處哩。〔立起，唱介〕

【北石榴花】你看中原豺虎亂如麻，都窺伺龍樓鳳闕帝王家；有何人勤王報主，肯把義旗拿。那督師無老將，選士皆嬌娃；卻教俺自撑達，卻教俺自撑達。正騰騰殺氣，這軍糧又早缺乏。一陣陣拍手喧譁，一陣陣拍手喧譁，百忙中教我如何答話，好一似薨薨白晝鬧蜂衙。

〔坐介〕〔內又喊介〕〔小生〕你聽外邊將士，益發鼓譟，好像要反的光景，左右聽俺吩咐。〔立起，唱介〕

【上小樓】您不要錯怨咱家，您不要錯怨咱家。誰不是天朝犬馬，他三百年養士不差，三百年養士不差。都要把良心拍打，為甚麼擊鼓敲門鬧轉加，敢則要劫庫搶官衙。俺這裡望眼巴巴，俺這裡望眼巴巴，候江州軍糧飛下。

〔坐介〕〔抽令箭擲地介〕〔副淨、末拾箭，向內吩咐介〕元帥有令，三軍聽者：目下軍餉缺乏，乃人馬歸附之多，非糧草屯積之少。朝廷深恩，不可不報；將軍嚴令，不可不遵。況江西助餉，指日到轅，各宜靜聽，勿得喧譁。〔副淨、末回話介〕奉元帥軍令，俱已曉諭三軍了。〔內又喊叫介〕〔小生〕怎麼鼓譟之聲，漸入轅門，你再去吩咐。〔立起，唱介〕

【黃龍犯】您且忍枵腹這一宵，盼江西那幾艖。俺待要飛檄金陵，俺待要飛檄金陵，告兵曹轉達車駕，許咱們遷鎮移家，許咱們遷鎮移家。就糧東去，安營歇馬，駕樓船到燕子磯邊耍。

第十齣

〔副淨、末持令箭向內吩咐介〕元帥有令，三軍聽者：糧船一到，即便支發。仍恐轉運維艱，枵腹難待，不日撤兵漢口，就食南京，永無缺乏之虞，同享飽騰之樂。各宜靜聽，勿再喧譁！〔內歡呼介〕好，好，好！大家收拾行裝，豫備東去呀。〔副淨、末回生介〕稟上元帥，三軍聞令，俱各歡呼散去了。〔小生〕事已如此，無可奈何，只得擇期移鎮，暫慰軍心。〔想介〕且住，未奉明旨，輒自前行，雖聖恩寬大，未必加誅；只恐形跡之間，難免天下之議。事非小可，再作商量。

【尾聲】慰三軍沒別法，許就糧喧聲纔罷，誰知俺一片葵傾向日花。

〔下〕〔內作吹打掩門、四卒下〕〔副淨向末〕老哥，咱弟兄們商量，天下強兵勇將，讓俺武昌。明日順流東下，料知沒人抵當。大家擁着元帥爺，一直搶了南京，就扯起黃旗，往北京進取，有何不可。〔末搖手介〕我們左爺爺忠義之人，這樣風話，且不要題。依着我說，還是移家就糧，且吃飽飯為妙。〔副淨〕你還不知，一移南京，人心驚慌，就不取北京，這個惡名也免不得了。

〔末〕紛紛將士願移家，〔副淨〕細柳營中起暮笳；〔末〕千古英雄須打算，〔副淨〕樓船東下一生差。

第十齣　修札　癸未八月

〔丑扮柳敬亭上〕老子江湖漫自誇，收今販古是生涯。年來怕作朱門客，閒坐街坊吃冷茶。〔笑介〕在下柳敬亭，自幼無藉，流落江湖，雖則為談詞之輩，卻不是飲食之人。〔拱介〕列位看我像個甚的，好像一位閻羅王，掌着這本大帳簿，點了沒數的鬼魂名姓；又像一尊彌勒佛，腆着這副大肚皮，裝了無限的世態炎涼。鼓板輕敲，便有風雷雨露；舌唇纔動，也成月旦春秋。這些含冤的孝子忠臣，少不得還他個揚眉吐氣；那班得意的奸雄邪黨，免不了加他些人禍天誅；此乃補救之微權，亦是褒譏之妙用。〔笑介〕俺柳麻子信口胡談，卻也燥脾。昨日河南侯公子，送到茶資，約定今日午後來聽平話，且把鼓板取出，打個招客的利市。〔取出鼓板敲唱介〕無事消閒扯淡，就中滋味酸甜；古來十萬八千年，一霎飛鴻去遠。幾陣狂風暴雨，各家虎帳龍船，爭名奪利片時喧，讓他陳摶睡扁。〔生上〕芳草煙中尋粉黛，斜陽影裡說英雄。今日來聽老柳平話，裡面鼓板鏗鏘，早已有人領教。〔相見大笑介〕看官俱未到，獨自在此，說與誰聽。〔丑〕這說書是老漢的本業，譬如相公閒坐書齋，彈琴吟詩，都要人聽麼？〔生笑介〕講的有理。〔丑〕請問今日要聽那一朝故事？〔生〕不拘何朝，你只揀着熱鬧爽快的說一回罷。〔丑〕相公不知，那熱鬧局就是冷淡的根芽，爽快事就是牽纏的枝葉，倒不如把些剩水殘山，孤臣孽子，講他幾句，大家滴些眼淚罷。

〔生歎介〕咳！不料敬老你也看到這個田地，真可慮也！〔末扮楊文驄急上〕休教鐵鎖沈江底，怕有降旗出石頭。下官楊文驄，有緊急大事，要尋侯兄計議，一路問來，知在此處，不免竟入。〔見介〕〔生〕來的正好，大家聽敬老平話。〔末急介〕目下何等時候，還聽平話？〔生〕龍老為何這樣驚慌？〔末〕兄還不知麼，左良玉領兵東下，要搶南京，且有窺伺北京之意。本兵熊明遇束手無策，故此託弟前來，懇求妙計。〔生〕小弟有何計策？〔末〕久聞尊翁老先生乃寧南之恩帥，若肯發一手諭，必能退卻。不知足下主意若何？〔生〕這樣好事，怎肯不做；但家父罷政林居，縱肯發書，未必有濟。且往返三千里，何以解目前之危？〔末〕吾兄素稱豪俠，當此國家大事，豈忍坐視？何不代寫一書，且救目前；另日稟明尊翁，料不見責也。〔生〕應急權變，倒也可行；待我回寓起稿，大家商量。〔末〕事不宜遲，即刻發書，還恐無及，那裡等的商量。〔生〕既是如此，就此修書便了。〔寫書介〕

【一封書】老夫愚不揣，勸將軍自忖裁，旌旗且慢來，兵出無名道路猜。高帝留都陵樹在，誰敢輕將馬足躧；乏糧柴，善安排，一片忠心窮莫改。

〔寫完，末看介〕妙妙！寫的激切婉轉，有情有理，叫他不好不依，又不敢不依，足見世兄經濟。〔生〕雖如此說，還該送與熊大司馬，細加改正，方為萬妥。〔末〕不必煩擾，待小弟說與他便了。〔愁介〕只是一件，書雖有了，須差一的當家人早寄為妙。〔生〕小弟輕裝薄遊，只帶兩個童子，那能下的書來。〔末〕這樣密書，豈是生人可以去得。〔生〕這卻沒法了。〔丑〕不必着忙，讓我老柳走一遭何如？〔末〕敬老肯去，妙的狠了；只是一路盤詰，也不是當耍的。〔丑〕不瞞老爺說，我柳麻子本姓曹，雖則身長九尺，卻不肯食粟而已。那些隨機應變的口頭，左沖右擋的膂力，都還有些兒。〔生〕聞得左良玉軍門嚴肅，山人遊客，一概不容擅入。你這般老態，如何去的？〔丑〕相公又來激俺了，這是俺說書的熟套子。我老漢要去就行，不去就止，那在乎一激之力。〔起問介〕

【北斗鵪鶉】你那裡筆下謅文，我這裡胸中畫策。舌戰羣雄，讓俺不才；柳毅傳書，何妨下海。丟卻俺的癡騃，用着俺的詼諧，悄去明來，萬人喝采。

〔末〕果然好個本領，只是書中意思，還要你明白解說，纔能有濟。

【紫花兒序】〔丑〕書中意不須細解，何用明白，費俺唇腮。一雙空手，也去當差，也會搊乖。憑着俺舌尖兒把他的人馬罵開，仍倒回八百里外。〔生〕你怎的罵他？〔丑〕則問他防賊自作賊，該也不該。

〔生〕好，好，好！比俺的書字還說得明白。〔末〕你快進去收拾行李，俺替你送盤纏來，今夜務必出城纔好。〔丑〕曉得，曉得！〔拱手介〕不得奉陪了。〔竟下〕〔末〕竟不知柳敬亭是個有用之才。〔生〕我常誇他是我輩中人，說書乃其餘技耳。

【尾聲】一封書信權宜代，仗柳生舌尖口快，阻回那莽元帥萬馬晨霜，保住這好江城三山暮靄。

〔末〕一紙賢於汗馬才，〔生〕荆州無復戰船開；〔末〕從來名士誇江左，〔生〕揮麈今登拜將臺。

第十一齣　投轅　　癸未九月

〔淨、副淨扮二卒上〕〔淨〕殺賊拾賊囊，救民佔民房，當官領官倉，一兵喫三糧。〔副淨〕如今不是這樣唱了。〔淨〕你唱來！

〔副淨〕賊兇少棄囊，民逃剩空房，官窮不開倉，千兵無一糧。〔淨〕這等說，我們這窮兵當真要餓死了。〔副淨〕也差不多哩。〔淨〕前日鼓譟之時，元帥着忙，許俺們就糧南京，這幾日不見動靜，想又變卦了。〔副淨〕他變了卦，俺們依舊鼓譟，有何難哉。〔淨〕閒話少說，且到轅門點卯，再作商量。正是「不怕餓殺，誰肯犯法」。〔俱下〕

【北新水令】〔丑扮柳敬亭，背包裹上〕走出了空林落葉響蕭蕭，一叢叢蘆花紅蓼。倒戴着接䍦帽，橫跨着湛盧刀，白髯兒飄飄，誰認的詼諧玩世東方老。

俺柳敬亭衝風冒雨，沿江行來，並不見亂兵搶糧，想是訛傳了。且喜已到武昌城外，不免在這草地下打開包裹，換了靴帽，好去投書。〔坐地換靴帽介〕

【南步步嬌】〔副淨、淨上〕曉雨城邊饑烏叫，來往荒煙道，軍營半里遙。〔指介〕風捲旌旗，鼓角縹緲，前面是轅門了，大家趲行幾步。餓腹好難熬，還點三八卯。

〔丑起拱介〕兩位將爺，借問一聲，那是將軍轅門？〔淨向副淨私語介〕這個老兒是江北語音，不是逃兵，就是流賊。〔副淨〕何不收拾起來，詐他幾文，且買飯吃。〔淨〕妙！〔副淨問介〕你尋將軍衙門麼？〔丑〕正是。〔淨〕待我送你去。〔丟繩套住丑介〕〔丑〕呵呀！怎麼拿起我來了？〔副淨〕俺們是武昌營專管巡邏的弓兵，不拿你，拿誰呀。〔丑推二淨倒地，指笑介〕兩個沒眼色的花子，怪不得餓的東倒西歪的。〔淨〕你怎曉得我們捱餓。〔丑〕不為你們捱餓，我為何到此？〔副淨〕這等說來，你敢是解糧來的麼？〔丑〕不是解糧的，是做甚的。〔淨〕啐！我們瞎眼了，快搬行李，送老哥轅門去。〔副淨、淨同丑行介〕

【北折桂令】〔丑〕你看城枕着江水滔滔，鸚鵡洲闊，黃鶴樓高。雞犬寂寥，人煙慘澹，市井蕭條。都只把豺狼喂飽，好江城畫破圖拋。滿耳呼號，鼙鼓聲雄，鐵馬嘶驕。

〔副淨指介〕這是帥府轅門了。〔喚介〕老哥在此等候，待我傳鼓。〔擊鼓介〕〔末扮中軍官上〕封拜惟知元帥大，征誅不讓帝王尊。〔問介〕門外擊鼓，有何軍情，速速報來。〔淨〕適在汛地捉了一個面生可疑之人，口稱解糧到此，未知真假，拏赴轅門，聽候發落。〔末問丑介〕你稱解糧到此，有何公文？〔丑〕沒有公文，止有書函。〔末〕這就可疑了。

【南江兒水】你的北來意費推敲，一封書信無名號，荒唐言語多虛冒，憑空何處軍糧到。無端左支右調，看他神情，大抵非逃即盜。

〔丑〕此話差矣，若是逃、盜，為何自尋轅門？〔末〕說的也是。既有書函，待我替你傳進。〔丑〕這是一封密書，要當面交與元帥的。〔末〕這話益發可疑了。你且外邊伺候，待我稟過元帥，傳你進見。〔淨、副淨、丑俱下〕〔內吹打開門，雜扮軍卒六人各執械對立介〕〔小生扮左良玉戎服上〕荆襄雄鎮大江濱，四海安危七尺身。日日軍儲勞計畫，那能談笑淨煙塵。

〔升坐，吩咐介〕昨因饑兵鼓譟，本帥詐他就糧南京；後來細想：兵去就糧，何如糧來就兵。聞得九江助餉，不日就到，今日暫免點卯，各回汛地，靜候關糧。〔末〕得令。〔虛下，即上〕奉元帥軍令，掛牌免卯，三軍各回汛地了。〔小生〕有甚軍情，早早報來。〔末〕別無軍情，只有差役一名，口稱解糧到此，要見元帥。〔小生喜介〕果然糧船到了，可喜，可喜！

〔問介〕所賚文書，係何衙門？〔末〕並無文書，止有私書，要當堂投遞。〔小生〕這話就奇了，或是流賊細作，亦未可定。

〔吩咐介〕左右軍牢，小心防備，着他膝行而進。〔衆〕是！〔末喚丑進介〕〔左右交執器械，丑鑽入見介〕〔揖介〕元帥在上，晚生拜揖了。〔小生〕哇！你是何等樣人，敢到此處放肆！〔丑〕晚生一介平民，怎敢放肆。

【北雁兒落帶得勝令】俺是個不出山老漁樵，那曉得王侯大賓客小。看這長鎗大劍列門旗，只當深林密樹穿荒草。儘着狐狸縱橫虎咆哮，這威風何須要。偏嚇俺孤身客無門跑，便作個長揖兒不是驕。〔拱介〕求饒，軍中禮原不曉。〔笑介〕氣也麼消，有書函將軍仔細瞧。

〔小生問介〕有誰的書函？〔丑〕歸德侯老先生寄來奉候的。〔小生〕侯司徒是俺的恩師，你如何認得？〔丑〕晚生現在侯府。〔小生拱介〕這等失敬了。〔問介〕書在那裏？〔丑送上書介〕〔小生〕吩咐掩門。〔內吹打掩門，衆下〕〔小生〕尊客請坐。〔丑傍坐介〕〔小生看書介〕

【南僥僥令】看他諄諄情意好，不啻教兒曹。這書中文理，一時也看不透徹，無非勸俺鎮守邊方，不可移兵內地。〔歎介〕恩帥，恩帥！那知俺左良玉，一片忠心天可告，怎肯背深恩，辱薦保。

〔問丑介〕足下尊姓大號？〔丑〕不敢，晚生姓柳，草號敬亭。〔雜捧茶上〕〔小生〕敬亭請茶。〔丑接茶介〕〔小生〕你可知這座武昌城，自經張獻忠一番焚掠，十室九空。俺雖鎮守在此，缺草乏糧，日日鼓譟，連俺也做不得主了。〔丑氣介〕元帥說那裏話，自古道「兵隨將轉」，再沒個將逐兵移的。

【北收江南】你坐在細柳營，手握着虎龍韜，管千軍山可動，令不遙。饑兵鼓譟犯天朝，將軍無計，從他去自逍遙。這惡名怎逃，這惡名怎逃。說不起三軍權柄帥難操。

〔摔茶鍾於地下介〕〔小生怒介〕呵呀！這等無禮，竟把茶杯擲地。〔丑笑介〕晚生怎敢無禮，一時說的高興，順手摔去了。〔小生〕順手摔去，難道你的心做不得主麼。〔丑〕心若做得主呵，也不叫手下亂動了。〔小生笑介〕敬亭講的有理。只因兵丁餓的急了，許他就糧內裏。亦是無可奈何之一着。〔丑〕晚生遠來，也餓急了，元帥竟不問一聲兒。〔小生〕我倒忘了，叫左右快擺飯來。〔丑摩腹介〕好餓，好餓！〔小生催介〕可惡奴才，還不快擺！〔丑起介〕等不得了，竟往內裏吃去罷。〔向內行介〕〔小生怒介〕如何進我內裏？〔丑回顧介〕餓的急了。〔小生〕餓的急了，就許你進內裏麼？〔丑笑介〕餓的急了，也不許進內裏，元帥竟也曉得哩。〔小生大笑介〕句句譏誚俺的錯處，好個舌辯之士。俺這帳下倒少不得你這個人哩。

【南園林好】俺雖是江湖泛交，認得出滑稽曼老；這胸次包羅不少，能直諫，會旁嘲。

〔丑〕那裏，那裏！只不過遊戲江湖，圖餔啜耳。〔小生問介〕俺看敬亭，既與縉紳往來，必有絕技，正要請教。〔丑〕晚生自幼失學，有何技藝。偶讀幾句野史，信口演說，曾蒙吳橋范大司馬、桐城何老相國，謬加賞贊，因而得交縉紳，實堪慚愧。

【北沽美酒帶太平令】俺讀些稗官詞，寄牢騷，稗官詞，寄牢騷，對江山喫一斗苦松醪。小鼓兒顫杖輕敲，寸板兒軟手頻搖；一字字臣忠子孝，一聲聲龍吟虎嘯；快舌尖鋼刀出鞘，響喉嚨轟雷烈炮。呀！似這般冷嘲、熱挑，用不着筆抄、墨描。勸英豪，一盤錯帳速勾了。

〔小生〕說的爽快，竟不知敬亭有此絕技，就留下榻衙齋，早晚領教罷。

【清江引】從此談今論古日傾倒，風雨開懷抱。你那蘇張舌辯高，我的巧射驚羿奡，只愁那匝地煙塵何日掃。

〔丑〕閒話多時，到底不知元帥向內移兵，有何主見？〔小生〕耿耿臣心，惟天可表，不須口勸，何用書責。

〔小生〕臣心如水照清霄，〔丑〕咫尺天顏路不遙；〔小生〕要與西南撐半壁，〔丑〕不須東看海門潮。

第十二齣　辭院

癸未十月

【西地錦】〔末扮楊文驄冠帶上〕錦繡東南列郡，英雄割據紛紛；而今還起周郎恨，江水向東奔。

下官楊文驄，昨奉熊司馬之命，託侯兄發書寧南，阻其北上，已遣柳敬亭連夜寄去。還怕投書未穩，一面奏聞朝廷，加他官爵，饜他子姪；又一面知會各處督撫，及在城大小文武，齊集清議堂，公同計議，助他糧餉，這也是不得已調停之法。下官與阮圓海雖罷閒流寓，都有傳單，只得早到。〔副淨扮阮大鋮冠帶上〕黑白看成棋裏事，鬚眉扮作戲中人。〔見介〕龍友請了，今日會議軍情，既傳我們到此，也不可默默無言。〔末〕事體重大，我們廢員閒宦，立不得主意，身到就是了。〔副淨〕說那裏話。

【啄木兒】朝廷事，須認真，太祖神京今未穩，莫漫愁鐵鎖船開，只怕有蕭牆人引。角聲鼓音城樓震，帆揚幟飛江風順，明取金陵，有人私啓門。

〔末〕這話未確，且莫輕言。〔副淨〕小弟實有所聞，豈可不說。〔丑扮長班上〕處處軍情緊，朝朝會議多。稟老爺，淮安漕撫史可法老爺、鳳陽督撫馬士英老爺俱到了。〔末、副淨出候介〕〔外白鬚扮史可法，淨禿鬚扮馬士英，各冠帶上〕〔外〕天下軍儲一線漕，無能空佩呂虔刀。〔淨〕長陵壞土關龍脈，愁絕烽煙搔二毛。〔末、副淨見各揖介〕〔外問介〕本兵熊老先生為何不到？〔丑稟介〕今日有旨，往江上點兵去了。〔淨〕這等又會議不成，如何是好？

【前腔】〔外〕黃塵起，王氣昏，羽扇難揮建業軍；幕府山蠟檄星馳，五馬渡樓船飛滾。江東應須夷吾鎮，清談怎消南朝恨，少

不得努力同捐衰病身。

〔末〕老先生不必深憂，左良玉係侯司徒舊卒，昨已發書勸止，料無不從者。〔外〕學生亦聞此舉雖出熊司馬之意，實皆年兄之功也。〔副淨〕這倒不知；只聞左兵之來，實有暗裏勾之者。〔外〕是那個？〔副淨〕就是敝同年侯恂之子侯方域。〔外〕他也是敝世兄，在復社中錚錚有聲，豈肯為此？〔副淨〕老公祖不知，他與左良玉相交最密，常有私書往來；若不早除此人，將來必為內應。〔淨〕說的有理，何惜一人，致陷滿城之命乎？〔外〕這也是莫須有之事，況阮老先生罷閒之人，國家大事也不可亂講。〔別介〕請了，正是「邪人無正論，公議總私情」。〔下〕〔副淨指恨介〕〔向淨介〕怎麼史道鄰就拂衣而去，小弟之言鑿鑿有據；聞得前日還託柳麻子去下私書的。〔末〕這太屈他了，敬亭之去，小弟所使，寫書之時，小弟在傍；倒虧他寫的懇切，怎反疑起他來？〔副淨〕龍友不知，那書中都有字眼暗號，人那裏曉得？〔淨點頭介〕是呀，這樣人該殺的，小弟回去，即着人訪拿。〔向末介〕老妹丈，就此同行罷。〔末〕請舅翁先行一步，小弟隨後就來。〔副淨向淨介〕小弟與令妹丈不啻同胞，常道及老公祖垂念，難得今日會着。小弟有許多心事，要為竟夕之談。不知可否？〔淨〕久荷高雅，正要請教。〔同下〕〔末〕這是那裡說起！侯兄之素行雖未深知，只論寫書一事呵，

【三段子】這冤怎伸，硬疊成曾參殺人；這恨怎吞，強書為陳恆弑君。不免報他一信，叫他趁早躲避。〔行介〕眠香占花風流陣，今宵正倚薰籠困，那知打散鴛鴦金彈狠。

來此是李家別院，不免叫門。〔敲門介〕〔內吹唱介〕〔淨扮蘇崑生上〕是那個？〔末〕快快開門！〔淨開門見介〕原來是楊老爺，天色已晚，還來閒遊。〔末認介〕你是蘇崑老。〔問介〕侯兄在那裏？〔淨〕今日香君學完一套新曲，都在樓上聽他演腔。〔末〕快請下樓！〔淨入喚介〕〔小旦、生、旦出介〕〔生〕濃情人帶酒，寒夜帳籠花。楊兄高興，也來宵夜。〔末〕兄還不知，有天大禍事來尋你了。〔生〕有何禍事，如此相嚇？〔末〕今日清議堂議事，阮圓海對着大衆，說你與寧南有舊，常通私書，將為內應。那些當事諸公，俱有拿你之意。〔生驚介〕我與阮圓海素無深讎，為何下這毒手？〔末〕想因卻奩一事，太激烈了，故此老羞變怒耳。〔小旦〕事不宜遲，趁早高飛遠遁，不要連累別人。〔生〕說的有理。〔愁介〕只是燕爾新婚，如何捨得？〔旦正色介〕官人素以豪傑自命，為何學兒女子態？〔生〕是，是，但不知那裏去好？

【滴溜子】雙親在，雙親在，信音未准；烽煙起，烽煙起，梓桑半損。欲歸，歸途難問。天涯到處迷，將身怎隱。歧路窮途，天暗地昏。

〔末〕不必着慌，小弟倒有個算計。〔生〕請教！〔末〕會議之時，漕撫史可法、鳳撫馬舍舅俱在坐。舍舅語言甚不相為，全虧史公一力分豁，且說與尊府原有世誼的。〔生想介〕是，是，史道鄰是家父門生。〔末〕這等何不隨他到淮，再候家信。〔生〕妙，妙！多謝指引了。〔旦〕待奴家收拾行裝。〔旦束裝介〕

【前腔】歡娛事，歡娛事，兩心自忖；生離苦，生離苦，且將恨忍，結成眉峰一寸。香沾翠被池，重重束緊。藥裏巾箱，都帶淚痕。

〔丑上挑行李介〕〔生別旦介〕暫此分別，後會不遠。〔旦彈淚介〕滿地煙塵，重來亦未可必也。

【哭相思】離合悲歡分一瞬，後會期無憑准。〔小旦〕怕有巡兵蹤跡，快行一步罷。〔生〕吹散俺西風太緊，停一刻無人肯。

〔生〕但不知史漕撫寓在那廂。〔淨〕聞他來京公幹，常寓市隱園，待我送官人去。〔生〕這等多謝。〔生、淨、丑急下〕〔小旦〕這椿禍事，都從楊老爺起的，也還求楊老爺歸結。明日果來拿人，作何計較？〔末〕貞娘放心，侯郎既去，都與你無干了。〔末〕人生聚散事難論，〔旦〕酒盡歌終被尚溫；〔小旦〕獨照花枝眠不穩，〔末〕來朝風雨掩重門。

第十三齣　哭主　甲申三月

〔副淨扮旗牌官上〕漢陽煙樹隔江濱，影裏青山畫裏人，可惜城西佳絕處，朝朝遮斷馬頭塵。在下寧南帥府一個旗牌官的便是，俺元帥收復武昌，功封侯爵。昨日又奉新恩，加了太傅之銜；小爺左夢庚，亦掛總兵之印，特差巡按御史黃澍老爺到府宣旨。今日九江督撫袁繼咸老爺，又解糧三十船，親來給發。元帥大喜，命俺設宴黃鶴樓，請兩位老爺飲酒看江。〔望介〕遙見晴川樹底，芳草洲邊，萬姓歡歌，三軍嬉笑，好一段太平景象也。遠遠喝道之聲，元帥將到，不免設起席來。〔臺上掛黃鶴樓匾〕

〔副淨設席安座介〕〔雜扮軍校旗仗鼓吹引導〕〔小生扮左良玉戎裝上〕

【聲聲慢】逐人春色，入眼晴光，連江芳草青青。百尺樓高，吹笛落梅風景。領着花間小乘，載行廚，帶緩衣輕；便笑咱將軍好武，也愛儒生。

咱家左良玉，今日設宴黃鶴樓，請袁、黃兩公飲酒看江，只得早候。〔吩咐介〕大小軍卒樓下伺候。〔衆應下〕〔作登樓介〕三春雲物歸胸次，萬里風煙到眼中。〔望介〕你看浩浩洞庭，蒼蒼雲夢，控西南之險，當江漢之衝；俺左良玉鎮此名邦，好

不壯哉！〔坐呼介〕旗牌官何在？〔副淨跪介〕有。〔小生〕酒席齊備不曾？〔副淨〕齊備多時了。〔小生〕怎麼兩位老爺還不見到？〔副淨〕連請數次，袁老爺正在江岸盤糧，黃老爺又往龍華寺拜客，大約傍晚纔來。〔小生〕在此久候，豈不困倦？叫左右速接柳相公上樓，閒談撥悶。〔雜跪稟介〕柳相公現在樓下。〔小生〕快請。〔雜請介〕〔丑扮柳敬亭上〕氣吞雲夢澤，聲撼岳陽樓。〔見介〕〔小生〕敬亭為何早來了。〔丑〕晚生知道元帥悶坐，特來奉陪的。〔小生〕這也奇了，你如何曉得？〔丑〕常言「秀才會課，點燈告坐」。天生文官，再不能爽快的。〔小生笑介〕說的有理。〔指介〕你看天纔午轉，幾時等到點燈也。〔丑〕若不嫌聒噪呵，把昨晚說的「秦叔寶見姑娘」，再接上一回罷。〔小生〕極妙了。〔問介〕帶有鼓板麼？〔丑〕自古「官不離印，貨不離身」，老漢管着做甚的。〔取出鼓板介〕〔小生〕叫左右泡開岕片，安下胡床。咱要紗帽隱囊，清談消遣哩。〔雜設床、泡茶，小生更衣坐，雜搥背搔癢介〕〔丑旁坐敲鼓板說書介〕大江滾滾浪東流，淘盡興亡古渡頭；屈指英雄無半個，從來遺恨是荆州。按下新詩，還提舊話。且說人生最難得的是亂離之後，骨肉重逢。總是地北天南，時移物換，經幾番凶荒戰鬥，怎免得梗泛萍漂。可喜秦叔寶解到羅公帥府，枷鎖連身，正在候審；遇着嫡親姑娘，捲簾下階，抱頭大哭。當時換了新衣，設席款待，一個候死的囚徒，登時上了青天。這叫做「運去黃金減價，時來頑鐵生光」。〔拍醒木介〕〔小生掩淚介〕咱家也都經過了。〔丑〕再說那羅公問及叔寶的武藝，滿心歡喜，特地要誇其本領，即日放炮傳操。下了教場，雄兵十萬，雁翅排開。羅公獨坐當中，一呼百諾，掌着生殺之權。秦叔寶站在旁邊，點頭贊歎，口裏不言，心中暗道：大丈夫定當如此！〔拍醒木介〕〔小生作驕態，笑介〕俺左良玉也不枉為人一世矣。〔丑〕那羅公眼看叔寶，高聲問道：「秦瓊，看你身材高大，可曾學些武藝麼？」叔寶慌忙跪下，應答如流：「小人會使雙鐧。」羅公即命家人，將自己用的兩條銀鐧，抬將下來。那兩條銀鐧，共重六十八斤，比叔寶所用鐵鐧，輕了一半。叔寶是用過重鐧的人，接在手中，如同無物。跳下階來，使盡身法，左輪右舞，恰似玉蟒纏身，銀龍護體。玉蟒纏身，萬道毫光臺下落；銀龍護體，一輪月影面前懸。羅公在中軍帳裏，大聲喝采道：「好呀！」那十萬雄兵，一齊答應。〔作喊介〕如同山崩雷響，十里皆聞。〔拍醒木介〕〔小生照鏡鑷鬢介〕俺左良玉立功邊塞，萬夫不當，也是天下一個好健兒。如今白髮漸生，殺賊未盡，好不恨也。〔副淨上〕稟元帥爺，兩位老爺俱到樓了。〔丑暗下〕〔小生換冠帶、雜撤床排席介〕〔外扮袁繼咸，末扮黃澍，冠帶喝道上〕〔外〕長湖落日氣蒼茫，

黃鶴樓高望故鄉。〔末〕吹笛仙人稱地主，臨風把酒喜洋洋。〔小生迎揖介〕二位老先生俯臨敝鎮，曷勝光榮；聊設杯酒，同看春江。〔外、末〕久欽威望，喜近節麾，高樓盛設，大快生平。〔安席坐，斟酒欲飲介〕〔淨扮塘報人急上〕忙將覆地翻天事，報與勤王救主人。稟元帥爺，不好了，不好了！〔衆驚起介〕有甚麼緊急軍情，這等喊叫？〔淨急白介〕稟元帥爺：大夥流賊北犯，層層圍住神京；三天不見救援兵，暗把城門開禁。放火焚燒宮闕，持刀殺害生靈。〔拍地介〕可憐聖主好崇禎，〔哭說介〕縊死煤山樹頂。〔衆驚問介〕有這等事，是那一日來？〔淨喘介〕就是這、這、這三月十九日。〔衆望北叩頭，大哭介〕〔小生起，搓手跳哭介〕我的聖上呀！我的崇禎主子呀！我的大行皇帝呀！孤臣左良玉，遠在邊方，不能一旅勤王，罪該萬死了。

【勝如花】高皇帝在九京，不管亡家破鼎，那知他聖子神孫，反不如飄蓬斷梗。十七年憂國如病，呼不應天靈祖靈，調不來親兵救兵；白練無情，送君王一命。傷心煞煤山私幸，獨殉了社稷蒼生，獨殉了社稷蒼生！

〔衆又大哭介〕〔外搖手喊介〕且莫舉哀，還有大事相商。〔小生〕有何大事？〔外〕既失北京，江山無主，將軍若不早建義旗，頃刻亂生，如何安撫？〔末〕正是。〔指介〕這江漢荆襄，亦是西南半壁，萬一失守，恢復無及矣。〔小生〕小弟濫握兵權，實難辭責，也須兩公努力，共保邊疆。〔外、末〕敢不從事。〔小生〕既然如此，大家換了白衣，對着大行皇帝在天之靈，慟哭拜盟一番。〔喚介〕左右可曾備下縞衣麼？〔副淨〕一時不能備及，暫借附近民家素衣三領，白布三條。〔小生〕也罷，且穿戴起來。〔吩咐介〕大小三軍，亦各隨拜。〔小生、外、末穿衣裹布介〕〔領衆齊拜，舉哀介〕我那先帝呀，

【前腔】〔合〕宮車出，廟社傾，破碎中原費整。養文臣帷幄無謀，豢武夫疆場不猛；到今日山殘水剩，對大江月明浪明，滿樓頭呼聲哭聲。〔又哭介〕這恨怎平，有皇天作證：從今後戮力奔命，報國讎早復神京，報國讎早復神京。

〔小生〕我等拜盟之後，義同兄弟；臨侯督師，仲霖監軍，我左崑山操兵練馬，死守邊方。倘有太子諸王，中興定鼎，那時勤王北上，恢復中原，也不負今日一番義舉。〔外、末〕領教了。〔副淨稟介〕稟元帥，滿城喧譁，似有變動之意，快請下樓，安撫民心。〔俱下樓介〕〔小生〕二位要向那裡去？〔外〕小弟還回九江。〔末〕小弟要到襄陽。〔小生〕這等且各分手，請了。〔別介〕〔小生呼介〕轉來，若有國家要事，還望到此公議。〔外、末〕但寄片紙，無不奔赴。請了。〔外、末下〕〔小生〕

呵呀呀！不料今日天翻地覆，嚇死俺也！

飛花送酒不曾擎，片語傳來滿座驚；黃鶴樓中人哭罷，江昏月暗夜三更。

第十四齣 阻奸 甲申四月

【遶地遊】〔生上〕飄飄家舍，怎把平安寫，哭蒼天滿喉新血。國讎未雪，鄉心難說，把閒情丟開後些。

小生侯方域，自去冬倉皇避禍，夜投史公，隨到淮安漕署，不覺半載。昨因南大司馬熊公內召，史公即補其缺，小生又隨渡江。虧他重俺才學，待同骨肉。正思移家金陵，不料南北隔絕。目今議立紛紛，尚無定局，好生愁悶。且候史公回衙，一問消息。

〔暫下〕

【三臺令】〔外扮史可法憂容，丑扮長班隨上〕山河今日崩竭，白面談兵掉舌；弈局事堪嗟，望長安誰家傳舍。

下官史可法，表字道鄰，本貫河南，寄籍燕京。自崇禎辛未，叨中進士，便值中原多故，內為曹郎，外作監司，敭歷十年，不曾一日安枕。今由淮安漕撫升補南京兵部尚書。那知到任一月，遭此大變；萬死無裨，一籌莫展。幸虧長江天險，護此留都。但一月無君，人心皇皇，每日議立議迎，全無成說。今早操兵江上，探得北信，不免請出侯兄，大家快談。〔丑〕侯爺有請。〔生上見介〕請問老先生，北信若何？〔外〕今日得一喜信，說北京雖失，聖上無恙，早已航海而南；太子亦間道東奔，未知果否？〔生〕果然如此，蒼生之福也。〔小生扮差役上〕朝廷無詔旨，將相有傳聞。〔到門介〕門上有人麼？〔丑問介〕那裏來的？〔小生〕是鳳撫衙門來的，有馬老爺候札，即討回書。〔丑〕待我傳上去。〔入見介〕稟老爺，鳳撫馬老爺差人投書。〔外拆看，皺眉介〕這個馬瑤草，又講甚麼迎立之事了。

【高陽臺】清議堂中，三番公會，攢眉仰屋蹴靴；相對長吁，低頭不語如呆。堪嗟！軍國大事非輕舉，俺縱有廟謨難說。這來書謀迎議立，邀功情切。

〔向生介〕看他書中意思，屬意福王。又說聖上確確縊死煤山，太子奔逃無蹤。若果如此，俺縱不依，他也竟自舉行了。況且昭穆倫次，立福王亦無大差。罷，罷，罷！答他回書，明日會稿，一同列名便了。〔生〕老先生所言差矣。福王分藩敝鄉，晚生知之最詳，斷斷立不得。〔外〕如何立不得？〔生〕他有三大罪，人人俱知。〔外〕那三大罪？〔生〕待晚生數來：

【前腔】福邸藩王，神宗驕子，母妃鄭氏淫邪。當日謀害太子，欲行自立，若無調護良臣，幾將神器奪竊。〔外〕此一罪卻也不小。〔問介〕還有那一罪？〔生〕驕奢，盈裝滿載分封去，把內府金錢偷竭。昨日寇逼河南，竟不捨一文助餉，以致國破身亡，滿宮財寶，徒飽賊囊。〔外〕這也算的一大罪。〔問介〕那第三大罪呢？〔生〕這一大罪，就是現今世子德昌王，父死賊手，暴屍未葬，竟忍心遠避。還乘離亂之時，納民妻女。這君德全虧盡喪，怎圖皇業。

〔外〕說的一些不差，果然是三大罪。〔生〕不特此也，還有五不可立。〔外〕怎麼又有五不可立？

【前腔】〔生〕第一件，車駕存亡，傳聞不一，天無二日同協。第二件，聖上果殉社稷，尚有太子監國，為何明棄儲君，翻尋枝葉旁牒。第三件，這中興之主，原不必拘定倫次的。分別，中興定霸如光武，要訪取出羣英傑。第四件，怕強藩乘機保立。第五件，又恐小人呵，將擁戴功挾。

〔外〕是，是，世兄高見，慮的深遠。前日見副使雷縯祚、禮部周鑣，都有此論，但不及這番透徹耳。就煩世兄把這三大罪、五不可立之論，寫書回他便了。〔生〕遵命。〔點燭寫書介〕〔副淨扮阮大鋮，雜扮家僮提燈上〕須將奇貨歸吾手，莫把新功讓別人。下官阮大鋮，潛往江浦，尋着福王，連夜回來，與馬士英倡議迎立。只怕兵部史可法臨時掣肘。今日修書相商，還恐不妥，故此昏夜叩門，與他細講。〔見小生介〕你早來下書，如何還不回去？〔小生〕等候回書，不見發出。〔喜介〕阮老爺來的正好，替小人催一催。〔雜〕門上大叔那裏？〔丑〕是那個？〔副淨見，作足恭介〕煩位下通報一聲，說褲子襠裏阮，求見老爺。〔丑混介〕褲子襠裏軟，這可未必。常言「十個鬍子九個騷」，待我摸一摸，果然軟不軟。〔副淨〕休得取笑，快些方便罷。〔丑〕天色已晚，老爺安歇了，怎敢亂傳。〔副淨〕有要話商議，定求一見的。〔丑〕待我傳上去。〔進稟介〕稟老爺，有褲子襠裏阮，到門求見。〔外〕是那個姓阮的？〔生〕在褲子襠裏住，自然是阮鬍子了。〔外〕如此昏夜，他來何幹？〔生〕不消說，又是講迎立之事了。〔外〕去年在清議堂誣害世兄的便是他。這人原是魏黨，真正小人，不必理他，叫長班回他罷了。〔丑出，怒介〕我說夜晚了，不便相會，果然惹個沒趣。請回罷！〔副淨拍丑肩介〕位下是極在行的，怎不曉得？夜晚來會，纔說的是極有趣的話哩；那青天白日，都是些掃帳兒。〔丑〕你老說的有理，事成之後，隨封都要雙分的。〔副淨〕不消說，還要加厚些。〔丑〕既是這等，待我再傳。〔進稟介〕稟老爺，姓阮的定求一見，要說極

有趣的話。〔外〕唗，放屁！國破家亡之時，還有甚麼趣話說！快快趕出，閉上宅門。〔丑〕鳳撫回書尚未打發哩。〔生〕書已寫就，求老先生過目。〔外讀介〕

【前腔】二祖列宗，經營垂創，吾皇辛苦力竭。一旦傾移，誰能重續滅絕。詳列：福藩罪案三樁大，五不可、勢局當歇。再尋求賢宗雅望，去留先決。

〔外〕寫的明白，料他也不敢妄動了。〔吩咐介〕就交與鳳撫家人，早閉宅門，不許再來囉唣。〔起介〕正是江上孤臣生白髮，〔生〕燈前旅客罷冰絃。〔外、生下〕〔丑出呼介〕馬老爺差人呢？〔小生〕有。〔丑〕領了回書，快快出去，我要閉門哩。〔小生接書介〕還有阮老爺要見，怎麼就閉門？〔副淨向丑介〕正是，我方纔央過求見老爺的，難道忘了。〔丑佯問介〕你是誰呀？〔副淨〕我便是褲子襠裏阮哪。〔丑〕啐！半夜三更，只管軟裡硬裡，奈何的人不得睡。〔推介〕好好的去罷。〔竟閉門入介〕〔小生〕得了回書，我先去了。〔下〕〔副淨惱介〕好可惡也，竟自閉門不納了。〔呆介〕罷了！俺老阮十年之前，這樣氣兒也不知受過多少，且自耐他。〔搓手介〕只是當前機會，不可錯過。這史可法現掌着本兵之印，如此執拗起來，目下迎立之事，便行不去了，這怎麼處？〔想介〕呸！我到獃氣了，如今皇帝玉璽且無下落，你那一顆部印有何用處。〔指介〕老史，老史，一盤好肉包掇上門來，你不會吃，反去讓了別人，日後不要見怪。正是：

窮途纔解阮生嗟，無主江山信手拏；奇貨居來隨處贈，不知福分在誰家。

第十五齣　迎駕　甲申四月

【番卜算】〔淨扮馬士英冠帶上〕一旦神京失守，看中原逐鹿交走。捷足爭先，拜相與封侯，憑着這擁立功大權歸手。

下官馬士英，別字瑤草，貴州貴陽衛人也，起家萬曆己未進士，現任鳳陽督撫。幸遇國家多故，正我輩得意之秋。前日發書約會史可法，同迎福王。他回書中有「三大罪、五不可立」之言。阮大鋮走去面商，他又閉門不納。看來是不肯行的了。但他現握着兵權，一倡此論，那九卿班裏，如高弘圖、姜曰廣、呂大器、張國維等，誰敢竟行。這迎立之事，便有幾分不妥了。沒奈何，又托阮大鋮約會四鎮武臣，及勳戚內侍，未知如何，好生焦躁。〔副淨扮阮大鋮急上〕胸有已成之竹，山無難劈之柴。此是馬公書房，不免竟入。〔淨見問介〕圓老回來了，大事如何？〔副淨〕四鎮武臣見了書函，欣然許諾，約定四月念八，

全備儀仗，齊赴江浦矣。〔淨〕妙，妙！那高黃二劉，如何說來？〔坐介〕

【催拍】〔副淨〕他說受君恩爵封列侯，鎮江淮千里借籌，神京未收，神京未收，似我輩濫功糜餉，建牙堪羞。江浦迎鑾，願領貔貅，扶新主持節復讎。臨大事，敢夷猶。

〔淨〕此外還有何人肯去？〔副淨〕還有魏國公徐鴻基，司禮監韓贊周，吏科給事李沾，監察御史朱國昌。〔淨〕勳、衛、科、道，都有個把，也就好了。他們都怎麼說來？

【前腔】〔副淨〕他說馬中丞當先出頭，衆公卿誰肯逗留。職名早投，職名早投，大家去上書陳表，擁入皇州。新主中興，拜舞龍樓，將今日勞苦功酬，遷舊秩，壯新猷。

〔淨〕果然如此，妙的狠了。只是一件，我是一個外吏，那幾個武臣勳衛，也算不得部院卿僚，目下寫表如何列名？〔副淨〕這有甚麼考證，取本縉紳便覽來，從頭抄寫便了。〔淨〕雖如此說，萬一駕到，沒有百官迎接，我們三五個官，如何引進朝去？〔副淨〕我看滿朝諸公，那個是有定見的。乘輿一到，只怕遞職名的還挨擠不上哩。〔淨〕是，是！表已寫就，只空銜名，取本縉紳來，快快開列。〔外扮書辦取縉紳上〕西河沿洪家高頭便覽在此。〔下〕〔副淨〕待我抄起來。〔偏頭遠視介〕表上字體，俱要細楷的，目昏難寫，這怎麼處？〔想介〕有了。〔腰內取出眼鏡戴，抄介〕「吏部尚書臣高弘圖」。〔作手顫介〕這手又顫起來了，目下等着起身。一時寫不出，急殺人也。〔淨〕還叫書辦寫去罷。〔副淨〕這姓名裏面都有去取，他如何寫得？〔淨〕你指示明白，自然不錯了。〔叫介〕書辦快來。〔外上〕〔副淨照縉紳指點向外介〕〔外下〕〔淨〕自古道「中原逐鹿，捷足先得」，我們不可落他人之後。快整衣冠，收拾箱包，今日務要出城。〔丑扮長班收拾介〕〔副淨問介〕請問老公祖，小弟怎生打扮？〔淨〕迎駕大典，比不得尋常私謁，俱要冠帶纔是。〔副淨〕小弟原是廢員，如何冠帶？〔淨〕正是。〔想介〕沒奈何，你且權充個賫表官罷，只是屈尊些兒。〔副淨〕說那裡話，大丈夫要立功業，何所不可，到這時候還講剛方麼？〔淨笑介〕妙，妙，纔是個軟圓老。〔副淨換差吏服色介〕

【前腔】拚餘生寒灰已休，喜今朝涸海更流；金鰲上鉤，金鰲上鉤，好似太公一釣，享國千秋。牛馬風塵，暫屈何憂，刀筆吏丞相根由；人笑罵，我不羞。

〔外上〕表已列名，老爺過目。〔副淨看介〕果然一些不差，就包裹好了，裝入箱中。〔外包裹裝箱內介〕〔副淨〕下官只得背起來了。〔外、丑與副淨綁箱背上介〕〔淨看，笑介〕圓老這件功勞卻也不小哩。〔副淨正色介〕不要取笑，日後畫在淩煙閣上，倒有些神氣的。〔丑牽馬介〕天色將晚，請老爺上馬。〔淨吩咐介〕這迎駕大事，帶不的多人，只你兩個跟去罷。〔副淨〕便益你們，後日都要議敘的。〔俱上馬，急走繞場介〕

【前腔】〔合〕趁斜陽南山雨收，控青驄煙驛水郵，金鞭急抽，金鞭急抽，早見浦江雲氣，楚尾吳頭。應運英雄，虎赴龍投，恨不的雙翅颼颼，銀燭下，拜冕旒。

〔淨〕叫左右早去尋下店房。〔副淨〕阿呀！我們做的何事，今日還想安歇，快跑快跑！〔加鞭跑介〕

〔淨〕江雲山氣晚悠悠，〔副淨〕馬走平川似水流，〔淨〕莫學防風隨後到，〔副淨〕塗山明日會諸侯。

第十六齣　設朝　甲申五月

【念奴嬌】〔小生扮弘光衮冕，小旦、老旦扮二監引上〕高皇舊宇，看宮門殿閣，重重初敞。滿目飛騰新紫氣，倚着鍾山千丈。祖德重光，民心合仰，迎俺青天上。雲消簾捲，東南煙景雄壯。

一朵黃雲捧御床，醒來魂夢自彷徨；中興不用親征戰，纔洗塵顏着衮裳。寡人乃神宗皇帝之孫，福邸親王之子，自幼封為德昌郡王。去年賊陷河南，父王殉國，寡人逃避江浦，九死餘生；不料北京失守，先帝升遐，南京臣民推俺為監國之主。今乃甲申年五月初一日，早謁孝陵回宮，暫御偏殿，看百官有何章奏。〔外扮史可法，淨扮馬士英，末扮黃得功，丑扮劉澤清，文武袍笏上〕再見冠裳盛，重瞻殿閣高，金甌仍未缺，玉燭又新調。我等文武百官，昨日迎鑾江浦，今早陪位孝陵，雖投職名，未稱朝賀，禮當恭上表文，請登大寶。〔衆前跪上表介〕南京吏部尚書臣高弘圖等，恭請陛下早正大位，改元聽政，以慰臣民之望。恭惟陛下呵，

【本序】潛龍福邸，望揚揚，貌似神宗，嫡派天潢。久着仁賢聲譽重，中外推戴陶唐。瞻仰，牒出金枝，系連花萼，宜承大統諸宗長。臣伏願登庸御宇，早繼高皇。

〔四拜介〕〔小生〕寡人外藩衰宗，才德涼薄，俯順臣民之請，來守高帝之宮。君父含冤，大讎未報，有何面顏，忝然正位。今暫以藩王監國，仍稱崇禎十七年，一切政務，照常辦理。諸卿勿得諄請，以重寡人之罪。

【前腔】休強，中原板蕩，嘆王孫乞食江頭，棲止榛莽。回首塵沙何處去，洛下名園花放。盼望，兵燹難消，松楸多恙，鼎湖弓劍無人葬；吾怎忍垂旒正冕，受賀當陽。

〔衆跪呼介〕萬歲，萬萬歲！真仁君聖主之言，臣等敢不遵旨。但大讎不當遲報，中原不可久失，將相不宜緩設，謹具題本，伏候裁決。〔上本介〕

【前腔】開朗，中興氣象，見罘罳瑞靄祥雲，王業重創。不共天讎，從此後嘗膽眠薪休忘。參想，收復中原，調燮黃閣，急須封拜卜忠亮；還缺少百官庶士，乞選才良。

〔小生〕覽卿題本，汲汲以報讎復國為請，俱見忠悃。至於設立將相，寡人已有成議，衆卿聽着：

【前腔】職掌，先設將相，論麒麟畫閣功勞，迎立為上。捧表江頭，星夜去擁着乘輿儀仗。尋訪，加體黃袍，嵩呼拜舞，百忙難把璽符讓。今日裏論功敘賞，文武誰當。

衆卿且退，午門候旨。〔小生、內官隨下〕〔外、淨、末、丑退班立介〕〔外〕若論迎立之功，今日大拜，自然讓馬老先生了。〔淨〕下官風塵外吏，焉能越次而升。若論國家用武之際，史老先生現居本兵，理當大拜。〔向末、丑介〕四鎮實有護駕之勞，加封公侯，只在目下。〔末、丑〕皆賴恩帥提拔。〔老旦扮內監捧旨上〕聖旨下：鳳陽督撫馬士英，倡議迎立，功居第一，即升補內閣大學士，兼兵部尚書，入閣辦事。吏部尚書高弘圖、禮部尚書姜曰廣、兵部尚書史可法，亦皆升補大學士，各兼本銜。高弘圖、姜曰廣入閣辦事，史可法着督師江北。其餘部院大小官員，現任者，各加三級；缺員者，將迎駕人員，論功選補。又四鎮武臣，靖南伯黃得功，興平伯高傑，東平伯劉澤清，廣昌伯劉良佐，俱進封侯爵，各歸汛地。謝恩！〔衆謝恩介〕萬歲，萬萬歲！〔起介〕〔外向末、丑介〕老夫職居本兵，每以不能克復中原為恥，聖上命俺督師江北，正好戮力報效。今與列侯約定，於五月初十日，齊集揚州，共商復讎之事。各須努力，勿得遲延。〔末、丑〕是。〔外〕老夫走馬到任去也。正是：重興東漢逢明主，收復中原任老臣。〔別衆下〕〔末、丑欲下介〕〔淨喚介〕將軍轉來。〔拉手話介〕聖上錄咱迎立之功，拜相封侯。我等皆係勳舊大臣，比不得別個。此後內外消息，須要兩相照應，千秋富貴，可以常保矣。〔末、丑〕蒙恩攜帶，得有今日，

敢不遵諭。〔末、丑急下〕〔淨笑介〕不料今日做了堂堂首相，好快活也。〔副淨扮阮大鋮探頭瞧介〕〔淨欲下介〕且住，立國之初，諸事未定，不要叫高、姜二相奪了俺的大權。且慢回家，竟自入閣辦事便了。〔欲入介〕〔副淨悄上作揖介〕恭喜老公祖，果然大拜了。〔淨驚問介〕你從那裏來？〔副淨〕晚生在朝房藏着，打聽新聞來。〔淨〕此係禁地，今日立法之始，你青衣小帽，在此不便，請出去罷。〔副淨〕晚生有要緊話說。〔附耳介〕老師相敘迎立之功，獲此大位；晚生賫表前往，亦有微勞，如何不見提起？〔淨〕方纔宣旨，各部院缺員，許將迎駕之人敘功選補矣。〔副淨喜介〕好，好！還求老師相薦拔。〔淨〕你的事何待諄囑。〔欲入介〕〔副淨〕事不宜遲，晚生權當班役，跟進內閣，看看機會何如。〔淨〕學生初入內閣，未諳機務；你來幫一幫，也不妨事，只要小心着。〔副淨〕曉得。〔替淨拿笏板隨行介〕

【賽觀音】〔淨〕舊黃扉，新丞相，喜一旦趾高氣揚，廿四考中書模樣。〔副淨〕莫忘辛勤老陪堂。

〔淨〕殿閣東偏曉霧黃，〔副淨〕新參知政氣昂昂；〔淨〕過江同是從龍彥，〔副淨〕也步金階抱笏囊。

第十七齣 拒媒 甲申五月

【燕歸梁】〔末扮楊文驄冠帶上〕南朝領略風流盡，新立個妙齡君；清江隔斷濁煙塵，蘭署裏買香薰。

下官楊文驄，因敘迎駕之功，補了禮部主事。盟兄阮大鋮，仍以光祿起用。又有同鄉越其傑、田仰等，亦皆補官，同日命下，可稱一時之盛。目下漕撫缺人，該推升田仰。適纔送到聘金三百，託俺尋一美妓，要帶往任所。我想青樓色藝之精，無過香君，不免替他去問。〔喚介〕長班走來。〔雜扮長班上〕胸中一部縉紳，腳下千條衚衕。〔見介〕老爺有何使喚？〔末〕你快請清客丁繼之，女客卞玉京，到我書房說話。〔雜〕稟老爺，小人是長班，只認的各位官府，那些串客、表子，沒處尋覓。〔末〕聽我吩咐：

【漁燈兒】鬧端陽，正紛紜，水閣含春，便有那烏衣子弟伴紅裙，難道是織女牽牛天漢津。〔雜〕就在那秦淮河房麼，小人曉得了。

〔末指介〕你望着棗花簾影杏紗紋，那壁廂欸問慇懃。

〔副淨扮丁繼之，外扮沈公憲，淨扮張燕筑上〕院裏常留老白相，朝中新聘大陪堂。〔副淨〕來此是楊老爺私宅，待我叫門。

〔叫介〕位下那裏？〔雜出見介〕衆位何來？〔副淨〕老漢是丁繼之，同這沈、張兩敝友，求見楊老爺；煩位下通報一聲。

〔雜喜介〕正要去請，來的湊巧，待我通報。〔欲入介〕〔老旦扮卞玉京，小旦扮寇白門，丑扮鄭妥娘上〕紫燕來何早，黃鶯到已遲。〔小旦叫介〕三位略等一等，同進去罷。〔副淨〕原來是你姊妹們。〔淨〕你們來此何幹？〔丑〕大家是一樣病根，你們怕做師父，我們怕做徒弟的。〔俱入介〕〔末喜介〕如何來的恰好。〔衆〕無事不敢輕造，今日特來懇恩，尚容拜見。〔俱叩介〕〔末拉起介〕請坐，有何見教？〔副淨問介〕新補光祿阮老爺是楊老爺至交麼？〔末〕正是。〔副淨〕聞得新主登極，阮老爺獻了四種傳奇，聖心大悅，把《燕子箋》鈔發總綱，要選我們入內教演，有這話麼？〔末〕果然有此盛舉。

〔淨〕不瞞老爺說，我們兩片唇，養着八張嘴。這一入內庭，豈不「滅門絕戶了一家兒」？〔丑〕我們也是八張嘴，靠着兩片皮哩。〔末笑介〕不必着忙，當差承應，自有一班教坊男女；你們都算名士數裏的，誰好拿你。〔衆〕只求老爺護庇則個。

〔末〕明日開列姓名，送與阮圓海，叫他一概免拿便了。〔衆〕多謝老爺。

【前腔】看一片秣陵春，煙水消魂，借着些笙歌裙屐醉斜曛。若把俺盡數選入呵，從此後江潮暮雨掩柴門，再休想白舫青簾載酒樽。老爺果肯見憐，這功德不小，保秦淮水軟山溫。

〔末〕下官也有一事借重。〔副淨〕老爺有何見教？〔末〕舍親田仰，不日就升漕撫，適纔送到聘金三百，託俺尋一小寵。〔丑〕讓我去罷。〔淨〕你去不得，你去了，這院中便散了板兒了。〔丑〕怎的便散了板兒？〔淨〕沒人和我打釘了。〔丑〕啐！〔副淨〕老爺意中可有一個人兒麼？〔末〕人是有一個在這裡，只要你去作伐。〔老旦〕是那個？〔末〕便是李家的香君。〔副淨搖頭介〕這使不得。〔末〕如何使不得？〔副淨〕他是侯公子梳櫳過的。

【錦漁燈】現有個秦樓上吹簫舊人，何處去覓封侯柳老三春，留着他燕子樓中晝閉門，怎教學改嫁的卓文君。

〔末〕侯公子一時高興，如今避禍遠去，那裡還想着香君哩。但去無妨。〔老旦〕香君自侯郎去後，立志守節，不肯下樓，豈有嫁人之理，去也無益。

【錦上花】似一隻雁失羣，單宿水，獨叫雲，每夜裡月明樓上度黃昏。洗粉黛，拋扇裙，罷笛管，歇喉唇，竟是長齋繡佛女尼身，怕落了風塵。

〔末〕雖如此說，但有強如侯郎的，他自然肯嫁。〔副淨〕香君之母，原是老爺厚人，倒是老爺面講更好。〔末〕你是知道的，

侯郎梳櫳香君，原是下官作伐。今日覿面，如何講說，還煩二位走走，自有重謝。〔淨、外〕這等我們也去走走。〔小旦、丑〕呸！皮肉行裡經紀，只許你們做麼，俺也同去。〔末〕不必爭鬧，待他二位說不來時，你們再去。〔衆〕是，是！辭過老爺罷。〔末〕也不遠送了。狎客滿堂消我悶，嫁衣終日為人忙。〔下〕〔副淨、老旦〕楊老爺免了咱們差事，莫大的恩典哩。〔外、淨〕正是。〔副淨〕你四位先回，俺要到香君那邊，替楊老爺說事去了。〔丑〕賺了錢不可偏背，大家八刀纔好。〔衆諢下〕

〔副淨、老旦同行介〕〔副淨〕記得侯公子梳櫳香君，也是我們幫襯來。

【錦中拍】想當初華筵盛陳，配才子佳人，排列着花林粉陣，逐趁着箏聲笛韻。如今又去幫襯別家，好不赧顏，似郵亭馬廝，迎官送賓。〔老旦〕我們不去何如。〔副淨〕俺若不去呵，又怕他新錚錚春官匣印，硬選入秋宮院門。〔老旦〕這等如之奈何？〔副淨〕俺自有個兩全之法，到那邊款語商量，柔情索問，做一個閒蜂蝶花裏混。

〔老旦〕妙，妙！〔副淨〕來此已是，不免竟進。〔喚介〕貞娘出來。〔旦上〕空樓寂寂含愁坐，長日懨懨帶病眠。〔問介〕樓下那個？〔老旦〕丁相公來了。〔旦望介〕原來是卞姨娘同丁大爺光降，請上樓來。〔副淨、老旦見介〕令堂怎的不見？〔旦〕往盒子會裏去了。〔讓介〕請坐，獻茶。〔同坐介〕〔老旦〕香君閒坐樓窗，和那個頑耍？〔旦〕姨娘不知：

【錦後拍】俺獨自守空樓，望殘春，白頭吟罷淚沾巾。〔老旦〕何不招一新婿？〔旦〕奴家已嫁侯郎，豈肯改志！〔副淨〕我們曉你苦心。今日禮部楊老爺說，有一位大老田仰，肯輸三百金，娶你作妾，託俺來問一聲。〔旦〕這題目錯認，這題目錯認，可知定情詩紅絲拴緊，抵過他萬兩雪花銀。〔老旦〕這事憑你裁酌，你既不肯，另問別家。〔旦〕賣笑哂，有勾欄艷品。奴是薄福人，不願入朱門。

〔老旦〕既如此說，回他便了。〔副淨〕令堂回家，不要見錢眼開。〔旦〕媽媽疼奴，亦不肯相強的。〔副淨〕如此甚好，可敬，可敬！〔起介〕別過了。〔外、淨、小旦、丑急上〕兩處紅絲千里繫，一條黑路六人忙。〔淨〕快去，快去！他二人說成，便偏背我們了。〔丑〕我就不依他，饒他吃到口裏，還倒出臟來。〔進介〕〔淨〕香君恭喜了。〔旦〕喜從何來？〔小旦〕雙雙媒人來你家，還不喜哩。〔旦〕敢也說田仰的事麼？〔淨〕便是。〔旦〕方纔奴已拒絕了。〔外〕楊老爺的好意，如何拒得。

【北罵玉郎帶上小樓】他為你生小綠珠花月身，尋一個金谷綺羅裏石季倫。〔旦〕奴家不圖富貴，這話休和我講。〔副淨、老旦〕

我二人在此勸了半日，他決不肯嫁人的。〔小旦〕他不嫁人，明日拿去學戲，要見個男子的面，也不能夠哩。歌殘舞罷鎖長門，臥氍毹夜夜傷神。〔旦〕奴便終身守寡，有何難哉，只不嫁人。〔丑〕難道三百兩花銀，買不去你這黃毛丫頭麼？〔旦〕你要銀子，你便嫁他，不要管人家閒事。〔丑怒介〕好丫頭，搶白起姨娘來了，我就死在你家。〔撒潑介〕小私窠賤根，小私窠賤根，掉巧舌訕謗尊親。〔淨發威介〕好大膽奴才！楊老爺新做了禮部，連你們官兒都管的着，明日拿去拶掉你指頭。管煙花要津，管煙花要津；觸惱他風狂雨迅，準備着桃傷柳損。〔旦〕儘你嚇唬，奴的主意已定了。〔老旦〕看他小小年紀，倒有志氣。〔副淨〕嚇他不動，走罷，走罷。〔丑〕我這裏撒潑，沒個人來拉拉，氣死我也。他不嫁人，我扭也扭他下樓。硬推來門外雙輪，硬推來門外雙輪；兜折寶釧，扯斷湘裙。〔副淨〕自古有錢難買不賣貨，撒了賴當不的。大家散罷。〔外、小旦〕我兩個原要不來，吃虧老燕、老妥強拉到此，惹了這場沒趣。走，走，走！快出門，掩羞面，氣忍聲吞。〔淨、丑〕我們也走罷，乾發虛，沒鈔分，遺臊撒糞。

〔外、淨、小旦、丑俱諢下〕〔副淨、老旦〕香君放心，我們回絕楊老爺，再不來纏你便了。〔旦拜介〕這等多謝二位。〔作別介〕

〔副淨〕蜂媒蝶使鬧紛紛，〔旦〕闌入紅窗攪夢魂；〔老旦〕一點芳心採不去，〔旦〕朝朝樓上望夫君。

第十八齣　爭位　甲申五月

〔生上〕無定輸贏似弈棋，書空殷浩欲何為？長江不限天南北，擊楫中流看誓師。小生侯方域，前日替史公修書，一時激烈，有「三大罪、五不可立」之議。不料福王今已登極，馬士英竟入閣辦事，把那些迎駕之臣，皆錄功補用。史公雖亦入閣，又令督師江北，這分明有外之之意了。史公卻全不介意，反以操兵勦賊為喜，如此忠肝義膽，人所難能也。現在開府揚州，命俺參其軍事；約定今日齊集四鎮，共商防河之計，不免上前一問。〔作至書房介〕管家那裡？〔小生扮書童上〕侯爺來了，待我通報。〔小生請外介〕

【北點絳唇】〔外上〕持節江皐，龍驤虎嘯，憂國事，不顧殘軀，雙鬢蒼白了。

〔見生介〕世兄可知今日四鎮齊集，共商大事，不日整師誓旅，雪君父之讎了。〔生〕如此甚妙。只有一件，高傑鎮守揚、通，兵驕將傲，那黃、劉三鎮，每發不平之恨。今日相見，大費調停，萬一兄弟不和，豈不為敵人之利乎？〔外〕所說極是。今

日相見，俺自有一番勸慰之言。〔小生報介〕轅門傳鼓，說四鎮到齊，伺候參謁。〔生下〕〔外升帳吹打開門，雜排左右儀衛介〕〔副淨扮高傑，末扮黃得功，丑扮劉澤清，淨扮劉良佐，俱介冑上〕只恨燕京無樂毅，誰知江左有夷吾。〔入見，稟介〕四鎮小將，叩謁閣部大元帥。〔拜介〕〔外拱手立介〕列侯請起。〔副淨等俱排立介〕聽候元帥將令。〔外〕本帥以閣部督師，君命隆重，大小將士俱在指揮之下。〔衆〕是。〔外〕四鎮乃堂堂列侯，不比尋常武弁。〔舉手介〕屈尊侍坐，共議軍情。〔衆〕豈敢。〔外〕本帥命坐，便如軍令一般，不可推辭。〔衆〕是。〔揖介〕告坐了。〔副淨首坐，末、丑、淨依次坐介〕

〔末怒視副淨介〕

【混江龍】〔外〕淮南險要，江河保障勢滔滔，一帶奇雲結陣，滿目細柳垂條。鐵馬嘶風先突塞，犀軍放弩早驚潮。說甚麼徐、常、沐、鄧，比得上絳、灌、蕭、曹。同心共把乾坤造，看古來功臣閣丹青圖畫，似今日列侯會劍佩弓刀。

〔末怒介〕元帥在上，小將本不該爭論。〔指介〕這高傑乃投誠草寇，有何戰功，今日公然坐俺三鎮之上。〔副淨〕我投誠最早，年齒又尊，豈肯居爾等之下。〔丑〕此處是你汛地，我們都是客兵，連一個賓主之禮不曉得，還要統兵。〔淨〕他在揚州享受繁華，尊大慣了；今日也該讓咱們來享享。〔副淨〕你們敢來，我就奉讓。〔末〕那個是不敢來的。〔起介〕兩位劉兄同我出來，即刻見個強弱。〔怒下〕〔外向副淨介〕他講的有理，你還該謙遜纔是。〔副淨〕小將寧死不在他們之下。〔外〕你這就大錯了。

【油葫蘆】四鎮堂堂氣象豪，倚仗着恢復北朝。看您挨肩雁序，恰似好同胞，為甚的爭坐位失了同心好，鬬齒牙變了協恭貌。一個眼睜睜同室操戈盾，一個怒沖沖平地起波濤。沒見陣上逞威風，早已窩裡相爭鬧，笑中興封了一夥〔指介〕小兒曹。

不料四鎮英雄，可笑如此；老夫一天高興，卻早灰冷一半也。沒奈何，且出張告示，曉諭三鎮，叫他各回汛地，聽候調遣。

〔向副淨介〕你既駐扎本境，就在本帥標下做個先鋒，各有執掌，他們也不敢來爭鬧了。〔副淨〕多謝元帥。〔外〕待老夫寫起告示來。〔寫介〕〔內吶喊介〕〔副淨不辭，出介〕〔末、丑、淨持刀上〕高傑快快出來！〔副淨出見介〕你青天白日，持刀吶喊，竟是反了。〔末〕我們為甚麼反，只要殺你這個無禮賊子。〔副淨〕你們敢在帥府門前如此放肆，難道不是無禮賊子麼？〔末、丑、淨趕殺副淨介〕〔副淨入轅門叫介〕閣部大老爺救命呀，黃、劉三賊殺入帥府來了。〔末、丑、淨門外

喊罵介〕〔外驚立介〕

【天下樂】俺只道塞馬南來把戰挑，殺聲漸高，卻是咱兵自鏖。這時候協力同讎還愁少，怎當的鬩牆鼓譟，起了個離間根苗。這纔是將難調，北賊易討。

〔吩咐介〕快請侯相公出來。〔雜向內介〕侯爺有請。〔生急上〕晚生已聽的明白了。〔外〕借重高才，傳俺帥令，安撫亂軍。〔生〕如何安撫？〔外〕老夫有告示一紙，快去曉諭他們便了。〔生〕遵命。〔接告示出見介〕列侯請了！小弟乃本府參謀，奉閣部大元帥之命，曉諭三鎮知悉：恭逢新主中興，闖賊未討，正我輩枕戈待旦、立功報効之時；不宜懷挾小忿，致亂大謀。侯收復中原，太平賜宴，論功叙坐，自有朝儀。目下軍容匆遽，凡事權宜，皆當相諒，無失舊好。興平侯高，原鎮揚、通，今即留在本帥標下，委作先鋒。靖南侯黃，仍回廬、和。東平侯劉，仍回淮、徐。廣昌侯劉，仍回鳳、泗。靜聽調遣，勿得抗違。軍法懍然，本帥不能容情也。特諭。〔末〕我們只要殺無禮賊子，怎敢犯元帥軍法。〔生〕目今轅門截殺，這就是軍法難容的了。〔丑〕既是這等，不要驚着元帥，大家且散。〔淨〕明日殺到高傑家裏去罷。正是「國讎猶可恕，私恨最難消」。〔下〕〔生入見介〕三鎮聞令，暫且散去，明日還要廝殺哩。〔外〕這卻怎處？〔指副淨介〕

【後庭花】高將軍，你橫將讎釁招，為甚的不謙恭，妄自驕；坐了個首席鄉三老，惹動他諸侯五路刀。憑儀秦一番舌戰巧，也不過息兵半晌饒。費調停，乾焦躁；難消釋，空懊惱。這情形何待瞧，那事業全去了。

〔副淨〕元帥不必着急，明日和他見個輸贏，把三鎮人馬並俺一處，隨着元帥恢復中原，卻亦不難也。〔外〕你說的是那裏話。現今流寇北來，將渡黃河，總兵許定國不能阻當，連夜告急；正要與四鎮商議，發兵防河。今日一動爭端，僨俺大事，豈不可憂！〔副淨〕他三鎮也不為別的，只因揚州繁華，要來奪取，俺怎肯讓他。〔外〕這話益發可笑了。

【煞尾】領着一枝兵，和他三家傲，似壘卵泰山壓倒。你占住繁華廿四橋，竹西明月夜吹簫；他也想隋堤柳下安營巢，不教你蕃釐觀獨誇瓊花少。誰不羨揚州鶴背飄，妒殺你腰纏十萬好，怕明日殺聲咽斷廣陵濤。

罷，罷，罷！老夫已拚一死，更無他法；侯兄長才，只索憑你壽畫了。〔生〕且看局勢，再做商量。〔外、生下〕〔吹打掩門，雜俱下〕〔副淨弔場介〕俺高傑也是一條好漢，難道坐以待斃不成。明早黃金壩上，點齊人馬，排下陣勢，等他來時，迎敵便了。

正是：

龍爭虎鬪逞雄豪，杯酒筵邊動劍刀，劉項何須成敗論，將軍頭斷不降曹。

第十九齣　和戰　甲申五月

〔末、淨、丑扮黃得功、劉良佐、劉澤清戎裝，雜扮軍校執旗幟器械吶喊上〕〔末〕兄弟們俱要小心着，聞得高傑點齊人馬，在黃金壩上伺候迎敵。我們分作三隊，依次而進。〔淨〕我帶的人馬原少，讓我挑戰，兩兄迎敵便了。〔末〕我的田雄不曾來，我作第二隊，總叫河洲哥哥壓哨罷。〔丑〕就是如此，大家殺向前去。〔搖旗吶喊急下〕〔副淨扮高傑戎裝，軍校執械隨上〕大小三軍排開陣勢，伺候迎敵。〔雜扮探卒上〕報，報，報！三家賊兵搖旗吶喊，將次到營了。〔淨持大刀上〕老高快快出馬，今日和你爭個誰大誰小。〔副淨持槍罵上〕你花馬劉，是咱家小兄弟，那個怕你！〔內擊鼓，淨、副淨廝殺介〕〔副淨叫介〕三軍齊上，活捉了這個劉賊。〔雜上亂戰介〕〔淨敗下〕〔末持雙鞭上〕我黃闖子的本領你是曉得的，快快磕頭，饒你一死。〔副淨〕我高老爺不稀罕你這活頭，要取你那顆死頭的。〔內擊鼓，末、副淨廝殺介〕〔副淨叫介〕三軍再來。〔雜上亂戰介〕〔末急介〕從來將對將，兵對兵，如何這樣混戰。倒底是個無禮賊子，今日且輸與你。〔敗下〕〔丑持雙刀領衆喊上介〕高傑，你不要逞強，我劉河洲也帶着些人馬哩，咱就混戰一場，有何不可。〔副淨〕我翻天鷂子不怕人的，憑你豎戰也可，橫戰也可。殺，殺，殺！〔兩隊領衆混戰介〕〔生持令箭立高臺，小兵持鑼敲介〕〔衆止殺，仰看介〕〔生搖令箭介〕閣部大元帥有令：四鎮作反，皆督師之過。請先到帥府，殺了元帥，次到南京，搶了宮闕；不必在此混戰，騷害平民。〔丑〕我們並不曾作反，只因高傑無禮，混亂坐次，我們爭個明白，日後好參謁元帥。〔副淨〕我高傑乃本標先鋒，怎敢作反；他們領兵來殺，只得迎敵。〔生〕不奉軍令，妄行廝殺，都是反賊。明日奏聞朝廷，你們自去分辯罷。〔丑〕朝廷是我們迎立的，元帥是朝廷差來的，我們違了軍令，便是叛了朝廷，如何使得？情願束身待罪，只求元帥饒恕。〔生〕高將軍，你如何說？〔副淨〕我高傑是元帥犬馬，犯了軍法，只聽元帥處分。〔生〕既如此說，速傳黃、劉二鎮，同赴轅門，央求元帥。〔丑〕二鎮敗走，各回汛地去了。〔生〕你淮、揚兩鎮，脣齒之邦，又無宿嫌，為何聽人指使？快快前去，候元帥發落。〔衆兵下〕〔生下臺〕〔丑、副淨同行，到介〕〔生〕已到轅門了，兩位將軍在外等候，待俺傳進去。〔稍遲即出介〕元帥有令：四鎮擅相爭奪，皆當軍法從事；但高將軍不知禮體，

第十九齣

第二十齣

挑嫌起釁，罪有所歸，着與三鎮服禮。俟解和之日，再行處分。

【香柳娘】勸將軍自思，勸將軍自思，禍來難救，負荆早向轅門叩。〔副淨惱介〕我高傑乃元帥標下先鋒，元帥不加護庇，倒叫與三鎮服禮，可不羞死人也。罷，罷，罷！看來元帥也不能用俺了，不免領兵渡江，另做事業去。這屈辱怎當，這屈辱怎當，渡過大江頭，事業從新做。〔喚介〕三軍快來，隨俺前去。〔衆兵上，吶喊搖旗隨下〕〔丑望介〕呀，呀，呀！高傑竟要過江了，想江南有他的黨與，不日要領來與俺廝鬧；俺也早去約會黃、劉二鎮，多帶人馬，到此迎敵。笑力窮遠走，笑力窮遠走，長江洗羞，防他重來作寇。

〔丑下〕〔生呆介〕不料局勢如此，叫俺怎生收救。

【前腔】恨山河半傾，恨山河半傾，怎能重搆；人心瓦解忘恩舊。〔南望介〕那高傑竟反了。看揚揚渡江，看揚揚渡江，旗幟亂中流，直入南徐口。〔北望介〕那劉澤清也急忙去，要約會三鎮人馬，同來迎敵。這煙塵偏有，這煙塵偏有，好叫俺元帥搔頭，參謀搓手。

〔行介〕且去回覆了閣部，再作計較。正是：

堂堂開府轄通侯，江北淮南數上游；只恐樓船與鐵馬，一時都羨好揚州。

第二十齣　移防　甲申六月

【錦上花】〔副淨扮高傑領衆執械上〕策馬欲何之？策馬欲何之？江鎖堅城，弩射雄師。且收兵，且收兵，占住這揚州市。

俺高傑領兵渡江，要搶蘇、杭，不料巡撫鄭瑄，操舟架炮，堵住江口，沒奈何又回揚州；但不知黃、劉三鎮，此時何往。

〔雜扮報卒上〕報上將軍，黃、劉三鎮會齊人馬，南來迎敵，前哨已到高郵了。〔副淨〕阿呀！不好了！南下不得，北上又不能，好叫俺進退兩難。〔想介〕罷，罷！還到史閣部轅門，央他的老體面，替俺解救罷。〔行介〕

【前腔】速去乞恩慈，速去乞恩慈，空忝羞顏，答對何辭。這纔是，這纔是，自作孽，天教死。

〔內喊介〕〔副淨領衆走下〕

【搗練子】〔外扮史可法從人上〕局已變，勢難支，躊躇中夜少眠時。〔生上〕自歎經綸空滿紙。

〔外向生介〕世兄，你看高傑不辭而去，三鎮又不遵軍法；俺本標人馬，為數無幾，怎能守得住江北。眼看大事已去，奈何，奈何！〔生〕聞得巡撫鄭瑄，堵住江口，高傑不能南下，又回揚州來了。〔外〕那三鎮如何？〔生〕三鎮知他退回，會齊人馬，又來迎敵，前哨已到高郵了。〔外愁介〕目前局勢更難處矣。

【玉抱肚】三百年事，是何人掀翻到此；隻手兒怎擎青天，卻萊兵總仗虛詞。〔合〕煙塵滿眼野橫屍，只倚揚州兵一枝。

〔丑扮中軍官傳鼓介〕〔雜問介〕門外擊鼓，有何軍情？〔丑〕將軍高傑，領兵到轅，求見元帥。〔外〕他果然來了。傳他進來，看他有何話說。〔外升帳，開門，左右排列介〕〔副淨急跑上介〕小將高傑，擅離汛地，罪該萬死。求元帥開恩饒恕！〔外〕你原是一介亂民，朝廷許你投誠，加封侯爵，不曾薄待了你。為何一言不合，竟自反去；及至渡江不得，又投轅門。忽而作反，忽而投誠，把個作反投誠，當做兒戲，豈不可恨！本該軍法從事，姑念你悔罪之速，暫且饒恕。〔副淨叩頭起介〕〔外問介〕你還有何說？〔副淨又跪介〕前日擅離汛地，只為不肯服禮。今三鎮知俺回來，又要交戰，小將雖強，獨力怎支，還望元帥解救。

〔向生央介〕侯先生替俺美言一句。〔生〕你不肯服禮，叫元帥如何處斷？〔外〕正是，事到今日，本帥也不能偏護了。

【前腔】爭論坐次，動干戈不知進止。他三家鼎足稱雄，你孤軍危命如絲。〔合前〕

〔副淨〕元帥不肯解救，小將寧可碎首轅門，斷不拜他下風。〔生〕你那黃金壩上威風那裏去了？〔副淨〕那時他沒帶人馬，俺用全軍混戰，因而取勝。今日三家捲土齊來，小將不得不臨事而懼矣。〔生〕小生倒有個妙計，只怕你不肯依從。〔副淨〕除了服禮，都依都依。〔生〕目今流賊南下，將渡黃河，許定國不能阻當，連夜告急。元帥正要發兵防河，你何不奉命前往，坐鎮開、洛；既解目前之圍，又立將來之功。他三鎮知你遠去，也不能與無名之師了。將軍以為何如？〔副淨低頭思介〕待我商量。〔內吶喊介〕〔外〕城外殺聲震天，是何處兵馬？〔丑報介〕黃、劉三鎮，領兵到城，要與高將軍廝殺哩。〔副淨懼介〕這怎麼處，只得聽元帥調遣了。〔外〕既然肯去，速傳軍令，曉諭三鎮。〔拔令箭丟地介〕〔丑拾令箭跪介〕〔外〕高傑無禮，本當軍法從事，但時值用人之際，又念迎駕之功，暫且饒恕，罰往開、洛防河，將功贖罪，今日已離揚州。三鎮各釋小嫌，共圖大事，速速回汛，聽候調遣。〔丑〕得令。〔下〕〔外指高傑介〕高將軍，高將軍，只怕你的性氣，到處不能相安哩。

【前腔】黃河難恃，勸將軍謀終慮始。那許定國也不是個安靜的。須提防酒前茶後，軟刀鎗怎鬬雄雌。〔合前〕

〔向生介〕防河一事，乃國家要着，我看高將軍勇多謀少，倘有疏虞，罪坐老夫。仔細想來，河南原是貴鄉，吾兄日圖歸計，路阻難行，何不隨營前往，既遂還鄉之願，又好監軍防河，且為桑梓造福，豈非一舉而三得乎？〔生〕多謝美意，就此辭過元帥，收拾行裝，即刻起程便了。〔副淨〕一同告辭罷。〔拜別介〕〔外向生介〕參謀此去，便如老夫親身防河一般；只恐勢局叵測，須要十分小心，老夫專聽好音也。正是：人事無常爭勝負，天心有定管興亡。〔下〕〔吹打掩門〕〔生、副淨出介〕〔副淨〕侯先生，你聽殺聲未息，只怕他們前面截殺。〔生〕無妨也，他們知你移防，怒氣已消，自然散去的。況且三鎮之兵，俱走東路，我們點齊人馬，直出北門，從天長、六合，竟奔河南，有何阻當。〔衆兵旗仗伺候介〕〔副淨〕就此起程。〔行介〕

【朝元令】〔生〕鄉園繫思，久斷平安字；烏棲一枝，鬱鬱難居此。結伴還鄉，白雲如駛，遂了三年歸志。〔副淨〕統着全師，煙城柳驛行參差；莫逞舊雄姿，函關偷度時。〔合〕揚州倒指，看不見平山蕭寺，平山蕭寺。

〔副淨〕落日林梢照大旗，〔生〕從軍北去慰鄉思；〔副淨〕黃河曲裏防秋將，〔生〕好似英雄末路時。

閏二十齣　閒話　甲申七月

〔內鳴金擂鼓吶喊介〕〔外扮老官人，白巾麻衣背包裹急上〕戎馬消何日，乾坤剩此身；白頭江上客，紅淚自沾巾。〔立住大哭介〕

〔小生扮山人背行李上〕日淡村煙起，江寒雨氣來。〔丑扮賈客背行李上〕年年經過路，離亂使人猜。〔小生見丑介〕請了，我們都是上南京的，天色將晚，快些趲行。〔丑〕正是兵荒馬亂，江路難行，大家作伴纔好。〔指外介〕那個老者為何立住了腳，只顧啼哭？〔小生問外介〕老兄想是走錯了路，失迷什麼親人了。〔外搖手介〕不是，不是。俺是從北京下來的，行到河南，遇着高傑兵馬，受了無限驚恐。剛得逃生，渡過江來，看見滿路都是逃生奔命之人，不覺傷心慟哭幾聲。〔掩淚介〕〔小生〕原來如此，可憐，可歎！〔丑〕既是北京下來的，俺正要問問近日的消息，何不同宿村店，大家談談。〔外〕甚妙，我老腿無力，也要早歇哩。〔小生指介〕這座村店稍有牆壁，就此同宿了罷。〔讓介〕請進。〔同入介〕〔外仰看介〕好一架荳棚。〔小生〕大家放下行李，便坐這荳棚之下，促膝閒話也好。〔同放行李，坐介〕〔副淨扮店主人上〕村店新泥壁，田家老瓦盆。〔問介〕衆位客官，還用晚飯麼？〔衆〕不消了。〔小生〕煩你買壺酒來，削瓜剝荳，我與二位解解困乏罷。〔外向小生介〕怎好取擾？〔丑向外介〕四海兄弟，卻也無妨；待用完此酒，咱兩個再回敬他。〔副淨取酒、菜上〕〔三人對飲介〕〔外問介〕方纔都是路遇，不曾請教尊姓大號，要到南京有何貴幹？〔小生〕在下姓藍名瑛，字田叔，是西湖畫士，特到南京訪友的。〔丑〕在下是蔡益所，世代南京書客，纔從江浦索債回來的。〔問外介〕老兄是從北京下來的了；敢問高姓大名，有甚急事，這等狼狽？〔外〕不瞞二位說，下官姓張名薇，原是錦衣衛堂官。〔丑驚介〕原來是位老爺，失敬了。〔小生問介〕為何南來？〔外〕三月十九日，流賊攻破北京，崇禎先帝縊死煤山，周皇后也殉難自盡。下官走下城頭，領了些本管校尉，尋着屍骸，擡到東華門外，買棺收殮，獨自一個戴孝守靈。〔小生〕那舊日的文武百官，那裡去了？〔外〕何曾看見一人。那時闖賊搜查朝官，逼索兵餉，將我監禁夾打。我把家財盡數與他，纔放我守靈戴孝。別個官兒走的走，藏的藏，或被殺，或下獄，或一身殉難，或闔門死節。〔小生〕有這樣忠臣，可敬，可敬！〔外〕還有進朝稱賀，做闖賊偽官的哩。〔丑〕有這樣狗彘，該殺，該殺！〔外掩淚介〕可憐皇帝、皇后兩位梓宮，丟在路旁，竟沒人偢睬。〔小生、丑俱掩淚介〕〔外〕直到四月初三日，禮部奉了偽旨，將梓宮擡送皇陵。我執旛送殯，走到昌平州；虧了一個趙吏目，糾合義民，捐錢三百串，掘開田皇妃舊墳，安葬當中。下官就看守陵旁，早晚上香。誰想五月初旬，大兵進關，殺退流賊，安了百姓，替明朝報了大讎；特差工部查寶泉局內鑄的崇禎遺錢，發買工料，從新修造享殿碑亭，門牆橋道，與十二陵一般規模。真是亘古稀有的事。下官也沒等工完，親手題了神牌，寫了墓碑，連夜走來，報與南京臣民知道，所以這般狼狽。〔小生〕難得，難得！若非老先生在京，崇禎先帝竟無守靈之人。〔丑問介〕但不知太子二王，今在何處？〔外〕定、永兩王，並無消息；聞太子渡海南來，恐亦為亂兵所害矣。〔掩淚介〕〔小生問介〕聞得北京發書一封與閣部史可法，責備亡國將相，不去奔喪哭主，又不請兵報讎。史公答了回書，特着左懋第披麻扶杖，前去哭臨，老先生可曉得麼？〔外〕下官半路相遇，還執手慟哭了一場的。〔內作大風雷聲介〕〔副淨掌燈急上〕大雨來了，快些進房罷。〔衆起，以袖遮頭入房介〕好雨，好雨！〔外〕天色已晚，下官該行香了。〔丑問介〕替那個行香？〔外〕大行皇帝未滿周年，下官現穿孝服，每早每晚要行香哭拜的。〔取包裹出香爐、香盒，設幾上介〕〔洗手介〕〔望北兩拜介〕〔跪上香介〕大行皇帝呀，大行皇帝呀！今日七月十五，孤臣張薇，叩頭上香了。〔內作大風雷不止介〕〔外伏地放聲大哭介〕〔小生呼丑介〕過來，過來，我兩個草莽之臣，也該隨拜舉哀的。〔小生、丑同跪，陪哭介〕〔哭畢，俱叩頭起，又兩拜介〕〔小生〕老先生遠路疲倦，早早安歇了罷。〔外〕正是，各人自便了。〔各解行李臥倒介〕〔小生〕窗外風雨益

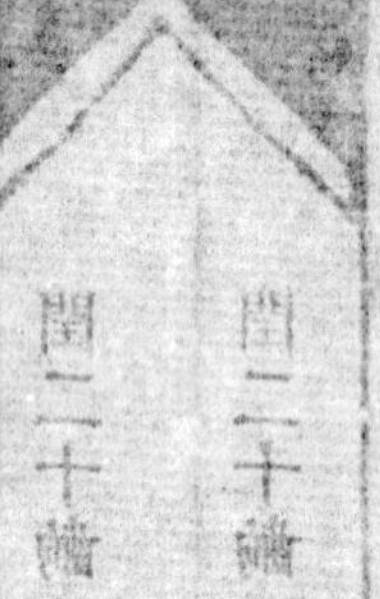

發不住，明早如何登程？〔外〕老天的陰晴，人也料他不定。〔丑問介〕請問老爺，方纔說的那些殉節文武，都有姓名麼？〔外〕問他怎的？〔丑〕我小鋪中要編成唱本，傳示四方，叫萬人景仰他哩。〔外〕好，好！下官寫有手摺，明日取出奉送罷。〔丑〕多謝！〔小生〕那些投順闖賊，不忠不義的姓名，也該流傳，叫人唾駡。〔外〕都有抄本，一總奉上。〔丑〕更妙。〔俱作睡熟介〕〔內作衆鬼號呼介〕〔外驚聽介〕奇怪，奇怪！窗外風雨聲中，又有哀苦號呼之聲，是何物類？〔雜扮陣亡厲鬼，跳叫上〕〔外隔窗看介〕怕人，怕人！都是些沒頭折足陣亡厲鬼，為何到此？〔衆鬼下〕〔外睡倒介〕〔內作細樂警蹕聲介〕〔外驚聽介〕窗外又有人馬鼓樂聲，待我開門看來。〔起看介〕〔雜扮文武冠帶騎馬，旛幢細樂引導，扮帝后乘輿上〕〔外驚出跪迎介〕萬歲，萬歲，萬萬歲！孤臣張薇恭迎聖駕。〔衆下〕〔外起呼介〕皇帝，皇后，何處巡遊，我孤臣張薇不能隨駕了。〔又拜哭介〕〔小生、丑醒問介〕天已發亮，老爺怎的又哭起來，想是該上早香了。〔外掩淚介〕奇事，奇事！方纔睡去，聽得許多號呼之聲，隔窗張看，都是些陣亡厲鬼。〔小生〕是了，昨夜乃中元赦罪之期，想是赴盂蘭會的。〔外〕這也沒相干，還有奇事哩。〔丑〕還有什麼奇事？〔外〕後來又聽的人馬鼓吹之聲，我便開門出看，明明見崇禎先帝同着周皇后乘輿東行，引導的文武官員，都是殉難忠臣；前面奏着細樂，排着儀仗，像個要升天的光景。我伏俯路旁，送駕過去，不覺失聲大哭起來。〔小生〕有這等異事。先皇帝、先皇后自然是超升天界的，也還是張老爺一片至誠，故此特特顯聖。〔外〕下官今日發一願心，要到明年七月十五日，在南京勝境，募建水陸道場，修齋追薦，並脫度一切冤魂，二位也肯隨喜麼？〔丑〕老爺果能做此好事，俺們情願搭醮。〔外〕好人，好人。到南京時，或買書，或求畫，不時要相會的。〔丑〕正是。〔小生〕大家收拾行李作別罷。〔各背行李下〕

雨洗雞籠翠，江行趁曉涼，烏啼荒塚樹，槐落廢宮牆；帝子魂何弱，將軍氣不揚，中原垂老別，慟哭過沙場。

加二十一齣　孤吟　康熙甲子八月

【天下樂】〔副末氈巾道袍，扮老贊禮上〕雨洗秋街不動塵，青山紅樹滿城新；誰家剩有閒金粉，撒與歌樓照鏡人？

老客無家戀，名園杯自勸，朝朝賀太平，看演《桃花扇》。〔內問〕老相公又往太平園，看演《桃花扇》麼？〔答〕正是。〔內問〕昨日看完上本，演的何如？〔答〕演的快意，演的傷心，無端笑哈哈，不覺淚紛紛。司馬遷作史筆，東方朔上場人。只怕世事含糊八九件，人情遮蓋兩三分。〔行唱介〕

【甘州歌】流光箭緊，正柳林蟬噪，荷沼香噴。輕衫涼笠，行到水邊人困；西窗乍驚連夜雨，北里重消一枕魂。梧桐院，砧杵村，青苔蟲語不堪聞。閒攜杖，漫出門，宮槐滿路葉紛紛。

【前腔】雞皮瘦損，看飽經霜雪，絲鬢如銀。傷秋扶病，偏帶旅愁客悶；歡場那知還剩我，老境翻嫌多此身。兒孫累，名利奔，一般流水付行雲。諸侯怒，丞相嗔，無邊衰草對斜曛。

【前腔】〔換頭〕望春不見春，想漢宮圖畫，風飄灰燼。棋枰客散，黑白勝負難分；南朝古寺王謝墳，江上殘山花柳陣。人不見，煙已昏，擊筑彈鋏與誰論。黃塵變，紅日滾，一篇詩話易沈淪。

【前腔】〔換頭〕難尋吳宮舊舞茵，問開元遺事，白頭人盡。雲亭詞客，閣筆幾度酸辛；聲傳皓齒曲未終，淚滴紅盤蠟已寸。袍笏樣，墨粉痕，一番妝點一番新。文章假，功業諢，逢場只合酒沾脣。

【餘文】老不羞，偏風韻，偷將拄杖撥紅裙。那管他扇底桃花解笑人。

當年真是戲，今日戲如真；兩度旁觀者，天留冷眼人。

那馬士英又早登場，列位請看。〔拱下〕

第二十一齣　媚座　甲申十月

【菊花新】〔淨冠帶扮馬士英，外扮長班從人喝道上〕調和鼎鼐費心機，別戶分門恩濟威；鑽火燃寒灰，這變理陰陽非細。

下官馬士英，官居首輔，權握中樞。天子無為，從他閉目拱手；相公養體，儘咱吐氣揚眉。那朱紫半朝，只不過呼朋引黨；這經綸滿腹，也無非報怨施恩。人都說養馬成羣，滾塵不定；他怎知立君由我，殺人何妨。〔笑介〕這幾日太平無事，又且早放紅梅，設席萬玉園中，會些親戚故舊，但看他趨奉之多，越顯俺尊榮之至。人生行樂耳，須富貴此時。〔叫介〕長班，今日下的是那幾位請帖？〔外〕都是老爺同鄉。有兵部主事楊文驄，僉都御史越其傑，新推漕撫田仰，光祿寺卿阮大鋮，這幾位老爺。〔淨疑介〕那阮大鋮不是同鄉呀。〔外〕他常對人說是老爺至親。〔淨笑介〕相與不同，也算的個至親了。〔吩咐介〕今日不是外客，就在這梅花書屋設席罷。〔外〕是！〔淨〕天已過午，快去請客。〔外〕不用去請，俱在門房候着哩。

只傳他一聲，便齊齊進來了。〔傳介〕老爺有請！〔末、副淨忙上〕閣人片語千鈞重，相府重門萬里深。〔進見足恭介〕〔淨〕我道是誰。〔向末介〕楊妹丈是咱內親，為何也不竟進？〔末〕如今親不敢貴了。〔淨〕說那裡話。〔向副淨介〕圓老一向來熟了的，為何也等人傳？〔副淨〕府體尊嚴，豈敢冒昧。〔淨〕這就見外了。〔讓淨告坐，打恭介〕

【好事近】〔淨〕吾輩得施為，正好談心花底；蘭友瓜戚，門外不須倒屣。休疑，總是一班桃李，相逢處把臂傾杯，何必拘冠裳套禮。俺肯堂堂相府，賓從疏稀。

〔茶到讓淨先取，打恭介〕〔淨〕今日天氣微寒，正宜小飲。〔副淨、末打恭介〕正是。〔淨〕纔下朝來，日已過午；晝短夜長，差了三個時辰了。〔副淨、末打恭介〕是是！皆老師相調燮之功也。〔吃茶完，讓淨先放茶杯，打恭介〕〔淨問外介〕怎麼越、田二位還不見到？〔外〕越老爺痔漏發了，早有辭帖；田老爺明日起身，打發家眷上船，夜間纔來辭行。〔淨〕罷了，吩咐排席。〔吹打，排三席，安座介〕〔副淨、末謙恭告坐介〕〔入座飲介〕

【泣顏回】〔淨〕朝罷袖香微，換了輕裘朱履；陽春十月，梅花早破紅蕊。南朝雅客，半閒堂且說風流嘴；拚長宵讀畫評詩，嘆吾黨知心有幾。

〔副淨問介〕相府連日宴客，都是那幾位年翁？〔淨〕總是吾黨，但不如兩公風雅耳。〔末問介〕是誰？〔淨喚介〕長班拿客單來看。〔外〕客單在此。〔副淨接看介〕張孫振、袁宏勳、黃鼎、張捷、楊維垣。〔末〕果然都是大有經濟的。〔淨〕個個是學生提拔，如今皆成大僚了。〔副淨打恭介〕晚生等已廢之員，還蒙起用；老師相為國吐握，真不啻周公矣。〔淨〕豈敢。〔拱介〕二位不比他人，明日囑託吏部，還要破格超升。〔末打恭介〕〔副淨跪介〕多謝提拔。〔淨拉起介〕

【前腔】〔副淨、末〕提攜，鎩羽忽高飛，劍出豐城獄底。隨朝待漏，猶如狗續貂尾。華筵一飲，出公門，滿面春風起；這恩榮錫袞封圭，不比那登龍御李。

〔起介〕〔淨〕撤了大席，安排小酌，我們促膝談心。〔設一席，更衣圍坐介〕〔淨〕也不再把盞了。〔副淨、末〕豈敢重勞。〔雜扮二价獻賞封介〕〔淨搖手介〕不必不必！花間雅集，又無梨園，怎麼行這官席之禮？〔副淨〕舍下小班，日日得閒，為何不喚來承應？〔淨〕圓老見慣的，另請別客，借來領教罷。

【太平令】妙部新奇，見慣司空自品題。〔副淨〕是是！名園山水清音美，又何用絲竹隨。

〔末笑介〕從來名花傾國，缺一不可。今日紅梅之下，梨園可省，倒少不了一聲「曉風殘月」哩。

【前腔】半放紅梅，只少韋娘一曲催。〔淨大笑介〕妹丈多情，竟要做個蘇州刺史了。蘇州刺史魂消矣，想一個麗人陪。

〔淨〕這也容易。〔吩咐介〕叫長班傳幾名歌妓，快來伺候。〔外〕稟老爺，要舊院的，要珠市的？〔淨向末介〕請教楊姑老爺。〔末〕小弟物色已多，總無佳者；只有舊院李香君，新學《牡丹亭》，倒還唱得出。〔淨吩咐介〕長班快去喚來！〔外應下〕〔副淨問末介〕前日田百源用三百金，要娶做妾的，想是他了？〔末〕正是。〔淨問末介〕為何不娶去？〔末〕可笑這個獃丫頭，要與侯朝宗守節，斷斷不從。俺往說數次，竟不下樓，令我掃興而回。〔淨怒介〕有這樣大膽奴才。

【風入松】不知開府爪牙威，殺人如同虱蟣。笑他命薄煙花鬼，好一似蛾撲燈蕊。〔副淨〕這都是侯朝宗教壞的，前番辱的晚生也不淺。〔淨大怒介〕了不得，了不得！一位新任漕撫，拿銀三百，買不去一個妓女。豈有此理！難道是珍珠一斛，偏不能換蛾眉。

〔副淨〕田漕台是老師相的鄉親，被他羞辱，所關不小。〔淨〕正是，等他來時，自有處法。〔外上〕稟老爺，小人走到舊院，尋着香君，他推託有病，不肯下樓。〔淨尋思介〕也罷！叫長班家人，拿着衣服財禮，竟去娶他。

〔外等急應下〕〔副淨喜介〕妙妙！這纔爆牌。〔末〕天色太晚，我們告辭罷。〔淨〕正好快談，為何就去？〔副淨〕動勞久陪，晚生不安。〔俱起打恭介〕〔淨〕還該遠送一步。〔副淨、末〕不敢。〔連打三恭〕〔淨先入內介〕〔副淨〕難得令舅老師相在鄉親面上，動此義舉；龍老也該去幫一幫。〔末〕如何去幫？〔副淨〕舊院是你熟遊之處，竟去拉下樓來，打發起身便了。

【前腔】不須月老幾番催，一霎紅絲聯喜，花花綵轎門前擠，不少欠分毫茶禮。莫管他鴇子肯不肯，竟將香君拉上轎子，今夜還送到田漕撫船上。驚的他迷離似癡，只當煙波上遇湘妃。

〔末〕也不可太難為他。〔副淨怒介〕這還便益了他。想起前番，就處死這奴才，難洩我恨。

【尾聲】當年舊恨重提起，便折花損柳心無悔。那侯朝宗空梳櫳了一番。看今日琵琶抱向阿誰。

〔副淨〕封侯夫壻幾時歸，〔末〕獨守妝樓掩翠幃；〔副淨〕不解巫山風力猛，〔末〕三更即換雨雲衣。

第二十二齣　守樓　甲申十月

〔外、小生拿內閣燈籠、衣、銀跟轎上〕天上從無差月老，人間竟有錯花星。〔外〕我們奉老爺之命，硬娶香君，只得快走。〔小生〕舊院李家母子兩個，知他誰是香君。〔末急上呼介〕轉來同我去罷。〔外見介〕楊姑老爺肯去，定娶不錯了。〔同行介〕月照青溪水，霜沾長板橋。來此已是，快快叫門。〔叫門介〕〔雜扮保兒上〕纔關後戶，又開前庭，迎官接客，卑職驛丞。〔問介〕那個叫門？〔外〕快開門來。〔雜開門驚介〕呵呀！燈籠火把，轎馬人夫，楊老爺來誇官了。〔末〕哇！快喚貞娘出來。

〔雜大叫介〕媽媽出來，楊老爺到門了。〔小旦急上問介〕老爺從那裏赴席回來麼？〔末〕適在馬舅爺相府，特來報喜。〔小旦〕有什麼喜？〔末〕有個大老官來娶你令愛哩。〔指介〕

【漁家傲】你看這綵轎青衣門外催，你看這三百花銀，一套繡衣。〔小旦驚介〕是那家來娶，怎不早說？〔末〕你看燈籠大字成雙對，是中堂閣內。〔小旦〕就是內閣老爺自己娶麼？〔末〕非也。漕撫田公，同鄉至戚，贈個佳人捧玉杯。

〔小旦〕田家親事，久已回斷，如何又來歪纏？〔小生拿銀交介〕你就是香君麼，請受財禮。〔小旦〕待我進去商量。〔外〕相府要人，還等你商量；快快收了銀子，出來上轎罷。〔末〕他怎敢不去，你們在外伺候，待我拿銀進去，催他梳洗。〔末接銀，雜接衣，同小旦作進介〕〔小生、外〕我們且尋個老表子燥脾去。〔俱暫下〕〔小旦、末、雜作上樓介〕〔末喚介〕香君睡下不曾？〔旦上〕有甚緊事，一片吵鬧。〔小旦〕你還不知麼？〔旦見末介〕想是楊老爺要來聽歌。〔小旦〕還說甚麼歌不歌哩。

【剔銀燈】忙忙的來交聘禮，兇兇的強奪歌妓，對着面一時難迴避，執着名別人誰替。〔旦驚介〕唬殺奴也！又是那個天殺的？〔小旦〕還是田仰，又借着相府的勢力，硬來娶你。堪悲，青樓薄命，一霎時楊花亂吹。

〔小旦向末介〕楊老爺從來疼俺母子，為何下這毒手？〔末〕不干我事，那馬瑤草知你拒絕田仰，動了大怒，差一班惡僕登門強娶。下官怕你受氣，特為護你而來。〔小旦〕這等多謝了，還求老爺始終救解。〔末〕依我說三百財禮，也不算吃虧；香君嫁個漕撫，也不算失所；你有多大本事，能敵他兩家勢力？〔小旦思介〕楊老爺說的有理，看這局面，拗不去了。孩兒趁早收拾下樓罷！

〔旦怒介〕媽媽說那裡話來！當日楊老爺作媒，媽媽主婚，把奴嫁與侯郎，滿堂賓客，誰沒看見。現收着定盟之物。〔急向內取出扇介〕這首定情詩，楊老爺都看過，難道忘了不成？

【攤破錦地花】案齊眉，他是我終身倚，盟誓怎移。宮紗扇現有詩題，萬種恩情，一夜夫妻。〔末〕那侯郎避禍逃走，不知去向；設若三年不歸，你也只顧等他麼？〔旦〕便等他三年；便等他十年；便等他一百年；只不嫁田仰。〔末〕呵呀！好性氣，又像摘翠脫衣罵阮圓海的那番光景了。〔旦〕可又來，阮、田同是魏黨，阮家妝奩尚且不受，倒去跟着田仰麼？〔內喊介〕夜已深了，快些上轎，還要趕到船上去哩。〔小旦勸介〕傻丫頭！嫁到田府，少不了你的吃穿哩。〔旦〕呸！我立志守節，豈在溫飽。忍寒飢，決不下這翠樓梯。

〔小旦〕事到今日，也顧不得他了。〔叫介〕楊老爺放下財禮，大家幫他梳頭穿衣。〔小旦替梳頭，末替穿衣介〕〔旦持扇前後亂打介〕〔末〕好利害，一柄詩扇，倒像一把防身的利劍。〔小旦〕草草妝完，抱他下樓罷。〔末抱介〕〔旦哭介〕奴家就死不下此樓。〔倒地撞頭暈臥介〕〔小旦驚介〕呵呀！我兒甦醒，竟把花容，碰了個稀爛。〔末指扇介〕你看血噴滿地，連這詩扇都濺壞了。〔拾扇付雜介〕〔小旦喚介〕保兒，扶起香君，且到臥房安歇罷。〔雜扶旦下〕〔內喊介〕夜已三更了，誆去銀子，不打發上轎，我們要上樓拿人哩。〔末向樓下介〕管家略等一等，他母子難捨，其實可憐的。〔小旦急介〕孩兒碰壞，外邊聲聲要人，這怎麼處？〔末〕那宰相勢力，你是知道的，這番羞了他去，你母子不要性命了。〔小旦怕介〕求楊老爺救俺則個。〔末〕沒奈何，且尋個權宜之法罷！〔小旦〕有何權宜之法？〔末〕娼家從良，原是好事，況且嫁與田府，不少吃穿，香君既沒造化，你倒替他享受去罷。〔小旦急介〕這斷不能。一時一霎，叫我如何捨得。〔末怒介〕明日早來拿人，看你捨得捨不得。〔小旦歎介〕也罷！叫香君守着樓，我去走一遭兒。〔想介〕不好，不好，只怕有人認得。〔末〕我說你是香君，誰能辨別。〔小旦〕既是這等，少不得又妝新人了。〔忙打扮完介〕〔向內叫介〕香君我兒，好好將息，我替你去了。〔又囑介〕三百兩銀子，替我收好，不要花費了。〔末扶小旦下樓介〕

【麻婆子】〔小旦〕下樓下樓三更夜，紅燈滿路輝；出戶出戶寒風起，看花未必歸。〔小生、外打燈抬轎上〕好，好，新人出來了，快請上轎。〔小旦別末介〕別過楊老爺罷。〔末〕前途保重，後會有期。〔小旦〕老爺今晚且宿院中，照管孩兒。〔末〕自然。〔小旦上轎介〕蕭郎從此路人窺，侯門再出豈容易。〔行介〕捨了笙歌隊，今夜伴阿誰。

〔俱下〕〔末笑介〕貞麗從良，香君守節，雪了阮兄之恨，全了馬舅之威！將李代桃，一舉四得，倒也是個妙計。〔嘆介〕只是母子分別，未免傷心。

匆匆夜去替蛾眉，一曲歌同易水悲；燕子樓中人臥病，燈昏被冷有誰知。

第二十三齣　寄扇　甲申十一月

【醉桃源】〔旦包帕病容上〕寒風料峭透冰綃，香爐懶去燒。血痕一縷在眉梢，臙脂紅讓嬌。孤影怯，弱魂飄，春絲命一條。滿樓霜月夜迢迢，天明恨不消。

〔坐介〕奴家香君，一時無奈，用了苦肉之計，得遂全身之節。只是孤身隻影，臥病空樓，冷帳寒衾，無人作伴，好生左淒涼。

【北新水令】凍雲殘雪阻長橋，閉紅樓冶遊人少。欄杆低雁字，簾幙掛冰條；炭冷香消，人瘦晚風峭。

奴家雖在青樓，那些花月歡場，從今罷卻了。

【駐馬聽】繡戶蕭蕭，鸚鵡呼茶聲自巧；香閨悄悄，雪狸偎枕睡偏牢。榴裙裂破舞風腰，鸞鞾翦碎淩波靿；愁多病轉饒，這妝樓再不許風情鬧。

想起侯郎匆匆避禍，不知流落何所；怎知奴家獨住空樓，替他守節也。〔起唱介〕

【沉醉東風】記得一霎時嬌歌興掃，半夜裏濃雨情抛；從桃葉渡頭尋，向燕子磯邊找，亂雲山風高雁杳。那知道梅開有信，人去越遙；憑欄凝眺，把盈盈秋水，酸風凍了。

可恨惡僕盈門，硬來娶俺，俺怎肯負了侯郎。

【雁兒落】欺負俺賤煙花薄命飄颻，倚着那丞相府忒驕傲。得保住這無瑕白玉身，免不得揉碎如花貌。

最可憐媽媽替奴當災，飄然竟去。〔指介〕你看床榻依然，歸來何日。

說到這裏，不覺一陣酸心。〔掩淚坐介〕

【得勝令】恰便似桃片逐雪濤，柳絮兒隨風飄；袖掩春風面，黃昏出漢朝。蕭條，滿被塵無人掃；寂寥，花開了獨自瞧。

【喬牌兒】這肝腸似攪，淚點兒滴多少。也沒個姊妹閒相邀，聽那掛簾櫳的鉤自敲。

獨坐無聊，不免取出侯郎詩扇，展看一回。〔取扇介〕噯呀！都被血點兒污壞了，這怎麼處。

【甜水令】你看疏疏密密，濃濃淡淡，鮮血亂蘸。不是杜鵑抛；是臉上桃花做紅雨兒飛落，一點點濺上冰綃。

侯郎侯郎！這都是為你來。

【折桂令】叫奴家揉開雲鬢，折損宮腰，睡昏昏似妃葬坡平，血淋淋似妾墮樓高。怕旁人呼號，捨着俺軟丟答的魂靈沒人招。銀鏡裏朱霞殘照，鴛枕上紅淚春潮。恨在心苗，愁在眉梢，洗了胭脂，涴了鮫綃。

一時困倦起來，且在妝台盹睡片時。〔壓扇睡介〕〔末扮楊文驄便服上〕認得紅樓水面斜，一行衰柳帶殘鴉。〔淨扮蘇崑生上〕銀箏象板佳人院，風雪今同處士家。〔末回頭見介〕呀！蘇崑老也來了。〔淨〕貞麗從良，香君獨住，放心不下，故此常來走走。〔末〕下官自那日打發貞麗起身，守了香君一夜，這幾日衙門有事，不能脫身；方纔城東拜客，便道一瞧。〔入介〕〔淨〕香君不肯下樓，我們上去一談罷。〔末〕甚好。〔登樓介〕〔末指介〕你看香君抑鬱病損，困睡妝臺，且不必喚他。〔淨看介〕這柄扇兒展在面前，怎麼有許多紅點兒？〔末〕此乃侯兄定情之物，一向珍藏不肯示人，想因面血濺污，晾在此間。〔抽扇看介〕幾點血痕，紅豔非常，不免添些枝葉，替他點綴起來。〔想介〕沒有綠色怎好？〔淨〕待我採摘盆草，扭取鮮汁，權當顏色罷。〔末〕妙極！〔淨取草汁上〕〔末畫介〕葉分芳草綠，花借美人紅。〔畫完介〕〔淨看喜介〕妙妙！竟是幾筆折枝桃花。〔末大笑指介〕真乃桃花扇也。〔旦驚醒見介〕楊老爺、蘇師父都來了，奴家得罪。〔讓坐介〕〔末〕幾日不曾來看，額角傷痕漸已平復了。〔笑介〕下官有畫扇一柄，奉贈妝臺。〔付旦扇介〕〔旦接看介〕這是奴的舊扇，血跡腌臢，看他怎的。〔入袖介〕〔淨〕扇頭妙染，怎不賞鑒。〔旦〕幾時畫的？〔末〕得罪得罪！方纔點壞了。〔旦看扇歎介〕咳！桃花薄命，扇底飄零。多謝楊老爺替奴寫照了。

【錦上花】一朵朵傷情，春風懶笑；一片片消魂，流水愁漂。摘的下嬌色，天然蘸好；便妙手徐熙，怎能畫到。櫻唇上調朱，蓮腮上臨稿，寫意兒幾筆紅桃。補襯些翠枝青葉，分外夭夭，薄命人寫了一幅桃花照。

〔末〕你有這柄桃花扇，少不得個顧曲周郎；難道青春守寡，竟做個入月嫦娥不成。〔旦〕說那裏話，那關盼盼也是煙花，何嘗不在燕子樓中，關門到老。〔淨〕明日侯郎重到，你也不下樓麼？〔旦〕那時錦片前程，儘俺受用，何處不許遊耍，豈但下樓。〔末〕香君這段苦節，今世少有。〔向淨介〕崑老看師弟之情，尋着侯郎，將他送去，也省俺一番懸掛。〔淨〕是是！一向留心訪問，知他隨任史公，住淮半載。自淮來京，自京到揚，今又同着高兵防河去了。晚生不日還鄉，順便找尋。〔向旦介〕

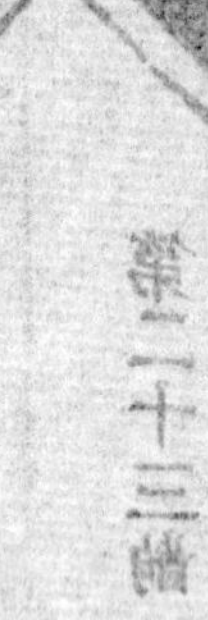

須得香君一書纔好。〔旦向末介〕奴家言出無文，求楊老爺代寫罷。〔旦尋思介〕罷罷！奴的千愁萬苦，俱在扇頭，就把這扇兒寄去罷。〔淨喜介〕這封家書，倒也新樣。〔末〕你的心事，叫俺如何寫得出。〔旦〕待奴封他起來。〔封扇介〕

【碧玉簫】揮灑銀毫，舊句他知道；點染紅么，新畫你收着。便面小，血心腸一萬條；手帕兒包，頭繩兒繞，抵過錦字書多少。

〔淨接扇介〕待我收好了，替你寄去。〔旦〕師父幾時起身？〔淨〕不日束裝了。〔旦〕只望早行一步。〔淨〕曉得。〔末〕我們下樓罷。〔向旦介〕香君保重。你這段苦節，說與侯郎，自然來娶你的。〔淨〕我也不再來別了。正是：新書遠寄桃花扇。〔末〕舊院常關燕子樓。〔下〕〔旦掩淚介〕媽媽不歸，師父又去，妝樓獨閉，益發淒涼了。

【鴛鴦煞】鶯喉歇了南北套，冰弦住了陳隋調；唇底罷吹簫，笛兒丟，笙兒壞，板兒掠。只願扇兒寄去得速，師父束裝得早；三月三劉郎到了，攜手兒下妝樓，桃花粥吃個飽。

書到梁園雪未消，青谿一道阻春潮；桃根桃葉無人問，丁字簾前是斷橋。

第二十四齣　罵筵

乙酉正月

【縷縷金】〔副淨扮阮大鋮吉服上〕風流代，又遭逢，六朝金粉樣，我偏通。管領煙花，銜名供奉。簇新新帽烏襯袍紅，皂皮靴綠縫，皂皮靴綠縫。

〔笑介〕我阮大鋮，虧了貴陽相公破格提挈，又取在內庭供奉；今日到任回來，好不榮耀。且喜今上性喜文墨，把王鐸補了內閣大學士，錢謙益補了禮部尚書。區區不才，同在文學侍從之班；天顏日近，知無不言。前日進了四種傳奇，聖心大悅；立刻傳旨，命禮部採選宮人，要將《燕子箋》被之聲歌，為中興一代之樂。我想這本傳奇，精深奧妙，倘被俗手教壞，豈不損我文名。因而乘機啓奏：「生口不如熟口，清客強似教手。」聖上從諫如流，就命廣搜舊院，大羅秦淮，拿了清客妓女數十餘人，交與禮部揀選。前日驗他色藝，都只平常；還有幾個有名的，都是楊龍友舊交，求情免選，下官只得勾去。昨見貴陽相公說道：「教演新戲是聖上心事，難道不選好的，倒選壞的不成。」只得又去傳他，尚未到來。今乃乙酉新年人日佳節，下官約同龍友，移樽賞心亭；邀俺貴陽師相，飲酒看雪。早已吩咐把新選的妓女，帶到席前驗看。正是：花柳笙歌隋事業，談諧裙屐晉風流。〔下〕

【黃鶯兒】〔老旦扮卞玉京道妝背包急上〕家住蕊珠宮，恨無端業海風，把人輕向煙花送。喉尖唱腫，裙腰舞鬆，一生魂在巫山洞。俺卞玉京，今日為何這般打扮，只因朝廷搜拿歌妓，逼俺斷了塵心。昨夜別過姊妹，換上道妝，飄然出院，但不知那裡好去投師。望城東雲山滿眼，仙界路無窮。

〔飄颻下〕〔副淨、外、淨扮丁繼之、沈公憲、張燕筑三清客上〕

【皂羅袍】〔副淨〕正把秦淮簫弄，看名花好月，亂上簾櫳。鳳紙簽名喚樂工，南朝天子春心動。我丁繼之年過六旬，歌板久拋；前日托過楊老爺，免我前往，怎的今日又傳起來了。〔外、淨〕俺兩個也都是免過的，不知又傳，有何話說。〔副淨拱介〕兩位老弟，大家商量，我們一班清客，感動皇爺，召去教歌，也不是容易的。〔外、淨〕正是。〔副淨〕二位青年上進，該去走走，我老漢多病年衰，也不望甚麼際遇了。今日我要躲過，求二位遮蓋一二。〔外〕這有何妨，太公釣魚，願者上鉤。〔淨〕是是！難道你犯了王法，定要拿去審問不成。〔副淨〕既然如此，我老漢就回去了。〔回行介〕急忙回首，青青遠峰；逍遙尋路，森森亂松。〔頓足介〕若不離了塵埃，怎能免得牽絆。〔袖出道巾、黃縧換介〕〔轉頭呼介〕二位看俺打扮罷，道人醒了揚州夢。

〔搖擺下〕〔外〕咦！他竟出家去了，好狠心也。〔淨〕我們且坐廊下曬暖，待他姊妹到來，同去禮部過堂。〔坐地介〕〔小旦扮寇白門，丑扮鄭妥娘，雜扮差役跟上〕〔小旦〕桃片隨風不結子。〔丑〕柳綿浮水又成萍。〔望介〕你看老沈老張不約俺一聲兒，先到廊下向暖，我們走去，打他個耳刮子。〔相見，諢介〕〔外問雜介〕又傳我們到那裏去？〔雜〕傳你們到禮部過堂，送入內庭教戲。〔外〕前日免過俺們了。〔雜〕內閣大老爺不依，定要借重你們幾個老清客哩。〔淨〕是那幾個？〔雜〕待我瞧瞧票子。〔取票看介〕丁繼之、沈公憲、張燕筑。〔問介〕那姓丁的如何不見？〔外〕他出家去了。〔雜〕既出了家，沒處尋他，待我回官罷！〔向淨、外介〕你們到了的，竟往禮部過堂去。〔淨〕等他姊妹們到齊着。〔雜〕今日老爺們秦淮賞雪，吩咐帶着女客，席上驗看哩。〔外、淨〕既是這等，我們先去了。正是：傳歌留樂府，擫笛傍宮牆。〔下〕〔雜看票問小旦介〕你是寇白門麼？〔小旦〕是。〔雜問丑介〕你是卞玉京麼？〔丑〕不是，我是老妥。〔雜〕是鄭妥娘了。〔問介〕那卞玉京呢？〔丑〕他出家去了。〔雜〕咦！怎麼出家的都配成對兒。〔問介〕後邊還有一個腳小走不上來的，想是李貞麗了？〔小旦〕不是，李貞麗從良去了！〔雜〕我方纔拉他下樓，他說是李貞麗，怎的又不是？〔丑〕想是他女兒頂

名替來的。〔雜〕母子總是一般，只少不了數兒就好了。〔望介〕他早趕上來也。

【忒忒令】〔旦〕下紅樓殘臘雪濃，過紫陌早春泥凍，不慣行走，腳兒十分痛。傳鳳詔，選蛾眉，把絲鞭，騎驕馬，催花使亂擁。

奴家香君，被捉下樓，叫去學歌，是俺煙花本等，只有這點志氣，就死不磨。〔雜喊介〕快些走動！〔旦到介〕〔小旦〕你也下樓了，屈尊，屈尊。〔丑〕我們造化，就得服侍皇帝了。〔旦〕情願奉讓罷。〔同行介〕〔雜〕前面是賞心亭了，內閣馬老爺，光祿阮老爺，兵部楊老爺，少刻即到。你們各人整理伺候。〔雜同小旦、丑下〕〔旦私語介〕難得他們湊來一處，正好吐俺胸中之氣。

【前腔】趙文華陪着嚴嵩，抹粉臉席前趨奉；丑腔惡態，演出真鳴鳳。俺做個女禰衡，撾漁陽，聲聲罵，看他懂不懂。

〔淨扮馬士英，副淨扮阮大鋮，末扮楊文驄，外、小生扮從人喝道上〕〔旦避下〕〔副淨〕瓊瑤樓閣朱微抹。〔末〕金碧峰巒粉細勾。〔淨〕好一派雪景也。〔副淨〕這座賞心亭，原是看雪之所。〔淨〕怎麼原是看雪之所？〔副淨〕宋真宗曾出周昉雪圖，賜與丁謂。說道：「卿到金陵，可選一絕景處張之。」因建此亭。〔淨看壁介〕這壁上單條，想是周昉雪圖了。〔末〕非也。這是畫友藍瑛新來見贈的。〔淨〕妙妙！你看雪壓鍾山，正對圖畫，賞心勝地，無過此亭矣。〔末吩咐介〕就把爐、榼、遊具，擺設起來。〔外、小生設席坐介〕〔副淨向淨介〕荒亭草具，恃愛高攀，着實得罪了。〔淨〕說那裡話。可笑一班小人，奉承權貴，費千金盛設，十分醜態，一無所取，徒傳笑柄。〔副淨〕晚生今日埽雪烹茶，清談攀教，顯得老師相高懷雅量，晚生輩也免了幾筆粉抹。〔淨〕呵呀！那戲場粉筆，最是利害，一抹上臉，再洗不掉；雖有孝子慈孫，都不肯認做祖父的。〔末〕雖然利害，卻也公道，原以儆戒無忌憚之小人，非為我輩而設。〔淨〕據學生看來，都吃了奉承的虧。〔末〕為何？〔淨〕你看前輩分宜相公嚴嵩，何嘗不是一個文人，現今《鳴鳳記》裡抹了花臉，着實醜看。豈非趙文華輩奉承壞了。〔副淨打恭介〕是是！老師相是不喜奉承的，晚生惟有心悅誠服而已。〔末〕請酒！〔同舉杯介〕〔副淨問外介〕選的妓女，可曾叫到了麼？〔外稟介〕叫到了。〔雜領衆妓叩頭介〕〔淨細看介〕〔吩咐介〕今日雅集，用不着他們，叫他禮部過堂去罷。〔副淨〕特令到此伺候酒席的。〔淨〕留下那個年小的罷。〔衆下〕〔淨問介〕他喚什麼名字？〔雜稟介〕李貞麗。〔淨笑介〕麗而未必貞也。〔笑向副淨介〕我們扮過陶學士了，再扮一折党太尉何如？〔副淨〕妙妙！〔喚介〕貞麗過來斟酒唱曲。

〔旦搖頭介〕〔淨〕為何搖頭？〔旦〕不會。〔淨〕呵呀！樣樣不會，怎稱名妓。〔旦〕原非名妓。〔掩淚介〕〔淨〕你有甚心事，容你說來。

【江兒水】〔旦〕妾的心中事，亂似蓬，幾番要向君王控。拆散夫妻驚魂迸，割開母子鮮血湧，比那流賊還猛。做啞裝聾，罵着不知惶恐。

〔淨〕原來有這些心事。〔副淨〕這個女子卻也苦了。〔末〕今日老爺們在此行樂，不必只是訴冤了。〔旦〕楊老爺知道的，奴家冤苦，也值當不的一訴。

【五供養】堂堂列公，半邊南朝，望你崢嶸。出身希貴寵，創業選聲容，後庭花又添幾種。把俺胡撮弄，對寒風雪海冰山，苦陪觴詠。

〔淨怒介〕哇！這妮子胡言亂道，該打嘴了。〔副淨〕聞得李貞麗，原是張天如、夏彝仲輩品題之妓，自然是放肆的。該打該打！〔末〕看他年紀甚小，未必是那個李貞麗。〔旦恨介〕便是他待怎的！

【玉交枝】東林伯仲，俺青樓皆知敬重。乾兒義子從新用，絕不了魏家種。〔副淨〕好大膽，罵的是那個，快快採去丟在雪中。〔外採旦推倒介〕〔旦〕冰肌雪腸原自同，鐵心石腹何愁凍。〔副淨〕這奴才，當着內閣大老爺，這般放肆，叫我們都開罪了。可恨可恨！〔下席踢旦介〕〔末起拉介〕〔淨〕罷罷！這樣奴才，何難處死，只怕妨了俺宰相之度。〔末〕是是！丞相之尊，娼女之賤，天地懸絕，何足介意。〔副淨〕也罷！啓過老師相，送入內庭，揀着極苦的腳色，叫他去當。〔淨〕這也該的。〔末〕着人拉去罷！〔雜拉旦介〕〔旦〕奴家已拚一死。吐不盡鵑血滿胸，吐不盡鵑血滿胸。

〔拉旦下〕〔淨〕好好一個雅集，被這奴才攪亂壞了。可笑，可笑！〔副淨、末連三揖介〕得罪，得罪！望乞海涵，另日竭誠罷。〔淨〕興盡宜回春雪棹。〔副淨〕客羞應斬美人頭。〔淨、副淨從人喝道下〕〔末弔場介〕可笑香君纔下樓來，偏撞兩個冤對，這場是非免不了的；若無下官遮蓋，香君性命也有些不妥哩。罷罷！選入內庭，倒也省了幾日懸掛；只是媚香樓無人看守，如何是好？〔想介〕有了，畫友藍瑛託俺尋寓，就接他暫住樓上；待香君出來，再作商量。

賞心亭上雪初融，煮鶴燒琴宴鉅公；惱殺秦淮歌舞伴，不同西子入吳宮。

第二十五齣

第二十五齣　選優　乙酉正月

〔場上正中懸一匾，書「薰風殿」，兩旁懸聯，書「萬事無如杯在手，百年幾見月當頭」。款書「東閣大學士臣王鐸奉敕書」〕

〔外扮沈公憲，淨扮張燕筑，小旦扮寇白門，丑扮鄭妥娘同上〕〔外〕天子多情愛沈郎。〔淨〕當年也是畫眉張。〔小旦〕可憐一樹白門柳。〔丑〕讓我風流鄭妥娘。〔外〕我們被選入宮，伺候兩日，怎麼還不見動靜。〔淨仰看介〕此處是薰風殿，乃奏樂之所；聞得聖駕將到，選定腳色，就叫串戲哩。〔外〕如何名薰風殿？〔淨〕你不曉得，琴曲裏有一句「南風之薰兮」，取這個意思。〔丑〕呸！你們男風興頭，要我們女客何用。〔小旦〕我們女客得了寵眷，做個大嬪妃，還強如他男風哩。〔丑〕正是，他男風得了寵眷，到底是個小兄弟。〔淨〕好徒弟，罵及師父來了。〔外〕咱們掌了班時，不要饒他。〔淨〕誰肯饒他。明日教動戲，叫老妥試試我的鼓槌子罷。〔丑嗤笑，指介〕你老張的鼓槌子，我曾試過，沒相干的。〔衆笑介〕〔副淨冠帶扮阮大鋮上〕

【遶地遊】漢宮如畫，春曉珠簾掛，待粉蝶黃鶯打。歌舞西施，文章司馬，廝混了紅袖烏紗。

〔見介〕你們俱已在此，怎的不見李貞麗？〔小旦〕他從雪中一跌，至今忍痛，還臥在廊下哩。〔副淨〕聖駕將到，選定腳色，就要串戲；怎麼由得他的性兒。〔衆〕是，是，俺們拉他過來。〔同下〕〔副淨自語介〕李貞麗這個奴才，如此可惡，今日淨、丑腳色，一定借重他了。〔雜扮二內監執龍扇前引，小生扮弘光帝，又扮二監提壺捧盒，隨上〕〔小生〕滿城煙樹間粱陳，高下樓臺望不真；原是洛陽花裏客，偏來管領秣陵春。〔坐介〕寡人登極御宇，將近一年，幸虧四鎮阻當，流賊不能南下；雖有叛臣倡議欲立潞藩，昨已捕拿下獄。目今外侮不來，內患不生，正在採選淑女，冊立正宮，這也都算小事；只是朕獨享帝王之尊，無有聲色之奉，端居高拱，好不悶也。〔副淨跪介〕光祿寺卿臣阮大鋮恭請萬安。〔小生〕平身。〔副淨起介〕

【掉角兒】〔小生〕看陽春殘雪早花，蹙愁眉慵遊倦耍。〔副淨〕聖上安享太平，正宜及時行樂；慵遊倦耍，卻是為何？〔小生〕朕有一椿心事，料你也應曉得。〔副淨〕想怕流賊南犯？〔小生〕非也。阻隔着黃河雪浪，那怕他天漢浮槎。〔副淨〕想愁兵弱糧少？〔小生〕也不是。俺有那鎮淮陰諸猛將，轉江陵大糧艘，有甚爭差。〔副淨〕既不為內外兵馬，想是正宮未立，配德無人？〔小生〕也不為此。那禮部錢謙益，采選淑女，不日冊立。有三妃九嬪，教國宜家。〔副淨〕又不為此，臣曉得了。〔私奏介〕想因叛臣周鑣、雷縯祚，倡造邪謀，欲迎立潞王耳。〔小生〕益發說錯了。那奸人倡言惑衆，久已搜拿。

〔副淨低頭沉吟介〕卻是為何？〔小生〕卿供奉內庭，乃朕心腹之臣，怎不曉得朕的心事。〔副淨跪介〕聖慮高深，臣衷愚昧，其實不能窺測。伏望明白宣示，以便分憂。〔小生〕朕諭你知道罷，朕貴為天子，何求不遂。只因你所獻《燕子箋》，乃中興一代之樂，點綴太平，第一要事；今日正月初九，腳色尚未選定，萬一誤了燈節，豈不可惱。〔指介〕你看閣學王鐸書的對聯道：「萬事無如杯在手，百年幾見月當頭。」一年能有幾個元宵，故此日夜躊躕，飲膳俱減耳。〔副淨〕原來為此，巴里之曲，有廑聖懷，皆微臣之罪也。〔叩頭介〕臣敢不鞠躬盡瘁，以報主知。〔起唱介〕

【前腔】忝卿僚填詞辨撾，備供奉詼諧風雅。恨不能腮描粉墨，也情願懷抱琵琶。但博得歌筵前垂一顧，舞裀邊受寸賞，御酒龍茶，三生僥倖，萬世榮華。這便是為臣經濟，報主功閥。

〔前問介〕但不知內庭女樂，少何腳色？〔小生〕別樣腳色，都還將就得過，只有生、旦、小丑不愜朕意。〔副淨〕這也容易，禮部送到清客、歌妓，現在外廂，聽候揀選。〔小生〕傳他進來。〔副淨〕領旨。〔急入領外、淨、旦、小旦、丑上〕〔俱跪介〕〔小生問外、淨介〕你二人是串戲清客麼？〔外、淨〕不敢，小民串戲為生。〔小生〕既會串戲，新出傳奇也曾串過麼？〔外、淨〕新出的《牡丹亭》、《燕子箋》、《西樓記》，都曾串過。〔小生〕既會《燕子箋》，就做了內庭教習罷。〔外、淨叩頭介〕〔小生問介〕那三個歌妓，也會《燕子箋》麼？〔小旦、丑〕也曾學過。〔小生喜介〕益發妙了。〔問旦介〕這個年小的，怎不答應？〔旦〕沒學。〔副淨跪介〕臣啓聖上，那兩個學過的，例應派做生、旦。這一個沒學的，例應派做丑腳。〔小生〕既有定例，依卿所奏。〔小旦、丑、旦叩頭介〕〔小生〕俱着起來，伺候串戲。〔俱起介〕〔丑背喜介〕還是我老妥做了天下第一個正旦。〔小生向副淨介〕卿把《燕子箋》摘出一曲，叫他串來，當面指點。〔外、淨、小旦、丑隨意演《燕子箋》一曲，副淨作態指點介〕〔小生喜介〕有趣，有趣！都是熟口，不愁扮演了。〔喚介〕長侍斟酒，慶賀三杯。〔雜進酒，小生飲介〕〔小生起介〕我們君臣同樂，打一回十番何如？〔副淨〕領旨。〔小生〕寡人善於打鼓，你們各認樂器。〔衆打雨夾雪一套，完介〕〔小生大笑介〕十分憂愁消去九分了。〔喚介〕長侍斟酒，再慶三杯。〔雜進酒，小生飲介〕

【前腔】舊吳宮重開館娃，新揚州初教瘦馬。淮陽鼓崑山絃索，無錫口姑蘇嬌娃。一件件鬧春風，吹煖響，鬬晴煙，飄冷袖，宮女如麻。紅樓翠殿，景美天佳。都奉俺無愁天子，語笑喧譁。

〔看旦介〕那個年小歌妓，美麗非常，派做丑腳，太屈他了。〔問介〕你這個年小歌妓，既沒學《燕子箋》，可曾學些別的麼？〔旦〕學過《牡丹亭》。〔小生〕這也好了，你便唱來。〔旦羞不唱介〕〔小生〕看他粉面發紅，像是腼腆；賞他一柄桃花宮扇，遮掩春色。〔雜擲紅扇與旦介〕〔旦持扇唱介〕

【懶畫眉】為甚的玉真重溯武陵源，也只為水點花飛在眼前。是他天公不費買花錢，則咱人心上有啼紅怨。咳！辜負了春三二月天。

〔小生喜介〕妙絕，妙絕！長侍斟酒，再慶三杯。〔雜進酒，小生飲介〕〔指旦介〕看此歌妓，聲容俱佳，豈可長材短用；還派做正旦罷。〔指丑介〕那個黑色的，倒該做丑腳。〔副淨〕領旨。〔丑撅嘴介〕我老妥又不妥了。〔小生向副淨介〕你把生、丑二腳，領去入班；就叫清客二名，用心教習，你也不時指點。〔副淨跪應介〕是，此乃微臣之專責，豈敢辭勞。〔急領外、淨、小旦、丑下〕〔小生向旦介〕你就在這薰風殿中，把《燕子箋》腳本，三日念會，好去入班。〔旦〕念會不難，只是沒有腳本。〔小生喚介〕長侍，你把王鐸抄的楷字腳本，賞與此旦。〔雜取腳本付旦，跪接介〕〔小生〕千年只有歌場樂，萬事何須酒國愁。〔雜引下〕〔旦掩淚介〕罷了，罷了！已入深宮，那有出頭之日。

【前腔】鎖重門垂楊暮鴉，映疏簾蒼松碧瓦。涼颼颼風吹羅袖，亂紛紛梅落宮髽。想起那拆鴛鴦，離魂慘，隔雲山，相思苦，會期難拿。倩人寄扇，擦損桃花。到今日情絲割斷，芳草天涯。

〔歎介〕沒奈何，且去念會腳本；或者天恩見憐，放奴出宮，再會侯郎一面，亦未可知。

【尾聲】從此後入骨髓愁根難拔，真個是廣寒宮姮娥守寡。只這兩日呵！瘦損宮腰剩一把。

曲終人散日西斜，殿角淒涼自一家；縱有春風無路入，長門關住碧桃花。

第二十六齣　賺將　乙酉正月

【破陣子】〔生上〕水驛山城煙靄，花村酒肆塵埋。百里白雲親舍近，不得斑衣效老萊，從軍心事乖。

小生侯方域奉史公之命，監軍防河。爭奈主將高傑，性氣乖張，將總兵許定國當面責罵；只恐挑起爭端，難於收救，不免到

中軍帳內，勸諫一番。〔入介〕〔副淨扮高傑上〕一聲叱退黃河浪，兩手推開紫塞煙。〔相見坐介〕先生入帳，有何見教？

〔生〕小生千里相隨，只為防河大事。今到睢州呵！

【四邊靜】威名震，人人驚魄，家盡移宅。雞犬不留羣，軍民少寧刻。營中一嚇，帳中一責，敵國在蕭牆，禍事恐難測。

〔副淨〕那許定國擁兵十萬，誇勝爭強，昨日教場點卯，一個個老弱不堪。欺君糜餉，本當軍法從事，責罵幾聲，也算從輕發放了。

〔生〕元帥差矣。

【福馬郎】此時山河一半改，倚着忠良帥，速奏凱。收拾人心，招納英才，莫將釁端開。成功業，只在將和諧。

〔副淨〕雖如此說，那許定國託病不來，倒請俺入城飲酒，總是十分懼怕了。俺看睢州城外，四面皆水，只有單橋小路，也是可守之邦。明日叫他讓出營房，留俺歇馬。他若依時便罷，若不依時，俺便奪他印牌，另委別將，卻也容易。〔生搖手介〕這事萬萬行不得，昨日教場一罵，爭端已起。自古道「強龍不壓地頭蛇」，他在脣齒肘臂之間，早晚生心，如何防備。〔副淨指生介〕書生之見，益發可笑。俺高傑威名蓋世，便是黃、劉三鎮，也拜下風；這許定國不過走狗小將，有何本領，俺倒防備起他來。〔生打恭介〕是，是，是！元帥既有高見，小生何用多言。就此辭歸，竟在鄉園中，打聽元帥喜信罷。〔副淨拱介〕但憑尊意。〔生冷笑拂袖下〕〔副淨起喚介〕叫左右。〔淨、丑扮二將上〕元帥呼喚，有何軍令？〔副淨〕你二將各領數騎，隨我入城飲酒頑耍。這大營人馬，不許擅動。〔淨、丑〕得令。〔即下〕〔領四卒上〕〔副淨〕就此前行。〔騎馬遶場介〕

【劃鍬兒】南朝劃就黃河界，東流把住白雲隘；飛鳥不能來，強弓何用買。〔合〕望荒城柳栽，上危橋板壞；按轡徐行，軍容瀟灑。

〔暫下〕〔外扮家將捧印牌上〕殺人不用將軍印，奏凱全憑娘子軍。咱乃睢州許總兵的家將，俺總爺被高傑一罵，嚇得水瀉不止。虧了夫人侯氏，有膽有謀，昨夜畫定計策；差俺捧着牌印，前來送交，就請他進城筵宴。約定飲酒中間，放炮為號，如此如此，這般這般。倒也是條妙計，只不知天意若何，好怕人也。〔望介〕遠望高傑前來，不免在橋頭跪接。〔副淨等唱前合上〕〔外跪接介〕〔副淨問介〕你是何處差官？〔外〕小的是總兵許定國家將，叩接元帥大老爺。〔副淨〕那許總兵為何不接？〔外〕許總兵臥病難起，特差小的送到牌印，就請元帥爺進城筵宴，點查兵馬。〔副淨〕席設何處？〔外〕設在察院公署。〔副淨〕

左右收了牌印。〔淨、丑收介〕〔副淨笑介〕妙，妙，牌印果然送到，明日安營歇馬，任俺區處了。〔吩咐外介〕你便引馬前行。〔外前引，唱前合，行介〕〔外跪稟介〕已到察院，請元帥爺入席。〔副淨下馬入坐介〕〔吩咐介〕軍卒外面伺候。〔向淨、丑介〕你二將不同別個，便坐下席，陪俺歡樂。〔淨、丑安放牌印，叩頭介〕告坐了。〔就地列坐介〕〔外斟副淨酒介〕〔末、小生扮二將斟淨、丑酒介〕〔又副淨、淨、丑身旁各立一雜擺菜介〕〔外〕請酒。〔副淨怒介〕這樣薄酒，拿來灌俺。〔摔杯介〕〔外急換酒介〕〔外〕請菜。〔副淨怒介〕這樣冷菜，如何下筯。〔摔筯介〕〔外急換菜介〕〔副淨〕今日正月初十，預賞元宵，怎的花燈優人，全不預備。〔外跪稟介〕稟元帥爺，這睢州偏僻之所，沒處買燈叫戲。且把衙門燈籠懸掛起來，軍中鼓角吹打一通罷。〔掛燈吹打介〕〔副淨向淨、丑介〕我們多飲幾杯。

【普天樂】鎮河南，威風大，柳營列，星旗擺。燈筵上，燈筵上，將印兵牌。〔淨、丑起奉副淨酒介〕行軍令，酒似官差。〔副淨與淨、丑猜拳介〕任譁拳叫彩，三家拇陣排。〔外、末、小生〕這八卦圖中新勢，只怕鬼谷難猜。

〔淨、丑〕小的酒都有了，今日還要伺候元帥爺點查兵馬哩。〔副淨〕天色已晚，明日點查罷，大家再飲幾杯。〔又斟酒飲介〕〔內放紙炮介〕〔雜急拿副淨手，外拔刀欲殺，副淨掙脫跳樑上介〕〔一雜急拿淨手，末殺死淨介〕〔一雜急拿丑手，小生殺死丑介〕〔聞炮聲拿殺要一齊介〕〔外喊介〕高傑走脫了，快尋，快尋！〔雜點火把各處尋介〕〔外仰視介〕頂破椽瓦，想是爬房走了。〔雜又尋介〕〔外指介〕那樓脊獸頭邊，閃閃綽綽，似有人影。快快放箭！〔末、小生放箭介〕〔副淨跳下介〕〔雜拿住副淨手介〕〔外認介〕果然是老高哩。〔副淨呵介〕好反賊，俺是皇帝差來防河大帥，你敢害我？〔外〕俺只認的許總爺，不認的甚麼黃的黑的，快伸頭來。〔副淨跳介〕罷了，罷了！俺高傑有勇無謀，竟被許定國賺了。〔頓足介〕咳！悔不聽侯生之言，致有今日。〔伸脖介〕取我頭去。〔外指介〕老高果然是條好漢。〔割副淨頭，手提介〕〔喚介〕兩個兄弟快捧牌印，大家回報總爺去。〔末、小生捧牌印介〕〔末〕且莫慌張，三將雖死，還有小卒在外哩。〔外〕久已殺得乾淨了。〔小生〕還有一件，城外大營，明日知道，必來報仇。快去回了總爺，求侯夫人妙計。〔外〕侯夫人妙計，早已領來了。今夜悄悄出城，帶着高傑首級獻與北朝，就引着北朝人馬，連夜踏冰渡河，殺退高兵。算我們下江南第一功了。

宛馬嘶風緩轡來，黃河冰上北門開。南朝正賞春燈夜，讓我當筵殺將才。

第二十七齣　逢舟　乙酉二月

【水底魚】〔淨扮蘇崑生背包裹騎驢急上〕戎馬紛紛，煙塵一望昏；魂驚心震，長亭連遠村。〔丑扮執鞭人趕呼介〕客官慢走，你看黃河堤上，逃兵亂跑，不要被他奪了驢去。〔淨不聽，急走介〕〔雜扮亂兵三人迎上〕棄甲掠盾，抱頭如鼠奔；無暇笑哂，大家皆敗軍，大家皆敗軍。〔遇淨，推下河，奪驢跑下〕〔丑趕下〕〔淨立水中，頭頂包裹高叫介〕救人呀，救人呀！〔外扮舟子撐船，小旦扮李貞麗貧妝上〕

【前腔】流水渾渾，風濤拍禹門；堤邊浪穩，泊舟楊柳根。〔欲泊船介〕〔小旦喚介〕駕長，你看前面淺灘中，有人喊叫；我們撐過船去，救他一命，積個陰騭如何？〔外〕黃河水溜，不是當耍的。〔小旦〕人行好事，大王爺爺自然加護的。〔外〕是，是，待我撐過去。〔撐介〕風急水緊，捨生來救人；哀聲迫窘，殘生一半魂，殘生一半魂。

〔近淨呼介〕快快上來，合該你不死，遇着好人。〔伸篙下，淨攀篙上船介〕〔作顫介〕好冷，好冷！〔外取乾衣與淨介〕〔小旦背立介〕〔淨換衣介〕多謝駕長，是俺重生父母。〔叩介〕〔外〕不干老漢事，虧了這位娘子叫我救你的。〔淨作揖起，驚認介〕你是李貞娘，為何在這船裏？〔小旦驚認介〕原來是蘇師父。你從何處來？〔淨〕一言難盡。〔小旦〕請坐了講。〔坐介〕〔外泊船介〕且到岸上買壺酒吃去。〔下〕

【瑣窗寒】〔淨〕一從你嫁朱門，鎖歌樓，疊舞裙；寒風冷雪，哭殺香君。〔小旦掩淚介〕香君獨住，怎生過活。〔淨〕他託俺前來尋訪侯郎。征人戰馬，侯郎無信，茫茫驛路殷勤問。〔小旦問介〕因何落水？〔淨〕正在堤上行走，被亂兵奪驢，把俺推下水的。蒙救出濁流，故人今夕重近。

〔小旦〕原來如此，合該師父不死，也是奴家有緣，又得一面。〔淨問介〕貞娘，你既入田府，怎得到此？〔小旦〕且取火來，替你烘乾衣裳，細細告你。〔小旦取火盆上介〕〔副淨扮舟子撐船，生坐船急上〕纔離虎豹千林霧，又逐鯨鯢萬里波。〔呼介〕駕長，這是呂梁地面了，扯起篷來，早趕一程，明日要起早哩。〔副淨〕相公不要性急，這樣風浪，如何行的？前面是泊船之所，且靠帮住一宿罷。〔生〕憑你。〔泊船介〕〔生〕驚魂稍定，不免略打個盹兒。〔臥介〕〔淨烘衣，小旦旁坐談介〕奴家命苦，

如今又不在那田家了。想起那晚，

【前腔】匆忙扮作新人，奪藏嬌，金屋春；一身寵愛，盡壓釵裙。〔淨〕這好的狠了。〔小旦〕誰知田仰嫡妻，十分悍妒。獅威勝虎，蛇毒如刃。把奴揪出洞房，打個半死。〔淨〕呀，呀！了不得，那田仰怎不解救？〔小旦〕田郎有氣吞聲忍，竟將奴賞與一個老兵。

〔淨〕既然轉嫁，怎麼在這船上？〔小旦〕此是漕標報船，老兵上岸下文書去了。奴自坐船頭，舊人來說新恨。

〔生一邊細聽介〕〔聽完起坐介〕隔壁船中，兩個人絮絮叨叨，談了半夜，那漢子的聲音，好似蘇崑生，婦人的聲音，也有些相熟；待我猛叫一聲，看他如何？〔叫介〕蘇崑生！〔淨忙應介〕那個喚我？〔生喜介〕竟是蘇崑生。〔出見介〕〔淨〕原來是侯相公，正要去尋，不想這裏撞着。謝天謝地，遇的恰好。〔喚介〕請過船來，認認這個舊人。〔生過船介〕還有那個？〔見旦驚認介〕呀！貞娘如何到此，奇事奇事，香君在那裏？〔小旦〕官人不知，自你避禍夜走，香君替你守節，不肯下樓。〔生掩淚介〕

〔小旦〕後來馬士英差些惡僕，拿銀三百，硬娶香君，送與田仰。〔生驚介〕我的香君，怎的他適了？〔小旦〕嫁是不曾嫁；香君懼怕，碰死在地。〔生大哭介〕我的香君，怎的碰死了？〔小旦〕死是不曾死，碰的鮮血滿面；那門外還聲聲要人，一時無奈，妾身竟替他嫁了田仰。〔生喜介〕好，好！你竟嫁與田仰了，今日坐船要往那裏去？〔小旦〕就住在船上。〔生〕為何？〔旦羞介〕〔淨〕他為田仰妒婦所逐，如今轉嫁這船上一位將爺了。〔生微笑介〕有這些風波，可憐，可憐！〔問淨介〕你怎的到此？〔淨〕香君在院，日日盼你，託俺寄書來的。〔生急問介〕書在那裏？

【奈子花】〔淨取包介〕這封書不是箋紋，摺宮紗夾在斑筠。題詩定情，催妝分韻。〔生接扇介〕這是小生贈他的詩扇。〔淨指扇介〕看桃花半邊紅暈，情懇！千萬種語言難盡。

〔生看扇問介〕那一面是誰畫的桃花？〔淨〕香君碰壞花容，濺血滿扇，楊龍友添上梗葉，成了幾筆折枝桃花。〔生細看喜介〕果然是些血點兒，龍友點綴，卻也有趣。這柄桃花扇，倒是小生之寶了。〔問介〕你為何今日帶來？〔淨〕在下出門之時，香君說道，千愁萬苦俱在扇頭，就把扇兒當封書罷！故此寄來的。〔生又看，哭介〕香君香君！叫小生怎生報你也！〔問淨介〕你怎的尋着貞娘來？〔淨指唱介〕

【前腔】俺呵，走長堤驢背辛勤，遇逃兵推下寒津。〔生〕呵呀！受此驚險。〔問介〕怎的不曾濕了扇兒？〔淨作勢介〕橫流沒肩，高擎書信，將蘭亭保全真本。〔生拱介〕為這把桃花扇，把性命都輕了，真可感也。〔問介〕後來怎樣呢？〔淨〕虧了貞娘，不怕風浪，移船救我。思忖，從井救別人誰肯。

〔生〕好好！若非遇着貞娘，這黃河水溜，誰肯救人。〔小旦〕妾本無心，救他上船，纔認的是蘇師父。〔生〕這都是天緣湊巧處。〔淨〕還不曾問侯相公，因何南來？〔生〕俺自去秋隨着高傑防河，不料匹夫無謀，不受諫言；被許定國賺入睢州，飲酒中間，遣人刺死。小生不能存住，買舟黃河，順流東下。你看大路之上，紛紛亂跑，皆是敗兵，叫俺有何面目，再見史公也。

〔淨〕既然如此，且到南京，看看香君，再作商量。〔生〕也罷，別過貞娘，趁早開船。〔小旦〕想起在舊院之時，我們一家同住；今日船中，只少一個香君，不知今生還能相見否。

【金蓮子】一家人離散了，重聚在水雲。言有盡，離緒百分；掌中嬌養女，何日說艱辛。

〔生〕只怕有人蹤跡，崑老快快換衣，就此別過罷。〔淨換衣介〕〔生、淨掩淚過船介〕〔淨〕歸計登程猶未准。〔生〕故人見面轉添愁。〔副淨撐船下〕〔小旦〕妾心厭倦煙花，伴着老兵度日，卻也快活。不意故人重逢，又惹一天舊恨；你聽濤聲震耳，今夜那能成寐也。

悠悠萍水一番親，舊恨新愁幾句論；漫道浮生無定着，黃河亦有住家人。

第二十八齣　題畫　乙酉三月

〔小生扮山人藍瑛上〕美人香冷繡床閒，一院桃開獨閉關；無限濃春煙雨裏，南朝留得畫中山。自家武林藍瑛，表字田叔，自幼馳聲畫苑。與貴筑楊龍友筆硯至交，聞他新轉兵科，買舟來望，下榻這媚香樓上。此樓乃名妓香君梳妝之所，美人一去，庭院寂寥，正好點染雲煙，應酬畫債。不免將文房畫具，整理起來。〔作洗硯、滌筆、調色、揩盞介〕沒有淨水怎處？〔想介〕有了，那花梢曉露，最是清潔，用他調丹濡粉，鮮秀非常。待我下樓，向後園收取。〔手持色盞暫下〕

【破齊陣】〔生新衣上〕地北天南蓬轉，巫雲楚雨絲牽。巷滾楊花，牆翻燕子，認得紅樓舊院。觸起閒情柔如草，攪動新愁亂似煙，傷春人正眠。

小生在黃河舟中，遇着蘇崑生，一路同行，心忙步急，不覺來到南京。昨晚旅店一宿，天明早起，留下崑生看守行李；俺獨

自來尋香君，且喜已到院門之外。

【刷子序犯】只見黃鶯亂囀，人蹤悄悄，芳草芊芊。粉壞樓牆，苔痕綠上花磚。應有嬌羞人面，映着他桃樹紅妍；重來渾似阮劉仙，借東風引入洞中天。

〔作推門介〕原來雙門虛掩，不免側身潛入，看有何人在內。〔入介〕

【朱奴兒犯】呀，驚飛了滿樹雀喧，踏破了一墀蒼蘚。這泥落空堂簾半捲，受用煞雙棲紫燕。閒庭院，沒個人傳，躡蹤兒迴廊一遍，直步到小樓前。

〔上指介〕這是媚香樓了。你看寂寂寥寥，湘簾晝捲，想是香君春眠未起。俺且不要喚他，慢慢的上了妝樓，悄立帳邊；等他自己醒來，轉睛一看，認得出是小生，不知如何驚喜哩！〔作上樓介〕

【普天樂】手拽起翠生生羅襟軟，袖撥開綠楊線。一層層欄壞梯偏，一樁樁塵封網罥。黯濃濃樓外春不淺，帳裏人兒腼腆。〔看几介〕從幾時收拾起銀撥冰絃；擺列着描春容脂箱粉奩，待做個女山人畫叉乞錢。

〔驚介〕怎的歌樓舞榭，改成個畫院書軒，這也奇了。〔想介〕想是香君替我守節，不肯做那青樓舊態，故此留心丹青，聊以消遣春愁耳。〔指介〕這是香君臥室，待我輕輕推開。〔推介〕呀！怎麼封鎖嚴密，倒像久不開的，這又奇了，難道也沒個人看守。〔作背手徬徨介〕

【鴈過聲】蕭然，美人去遠，重門鎖，雲山萬千，知情只有閒鶯燕。儘着狂，儘着顛，問着他一雙雙不會傳言。熬煎，纔待轉，嫩花枝靠着疏籬顫。〔下聽介〕簾櫳響，似有個人略喘。

〔瞧介〕待我看是誰來。〔小生持盞上樓，驚見介〕你是何人，上我寓樓？〔生〕這是俺香君妝樓，你為何寓此？〔小生〕我乃畫士藍瑛。兵科楊龍友先生送俺來寓的。〔生〕原來是藍田老，一向久仰。〔小生問介〕台兄尊號？〔生〕小生河南侯朝宗，亦是龍友舊交。〔小生驚介〕呵呀！文名震耳，纔得會面。請坐請坐！〔坐介〕〔生〕我且問你，俺那香君那裏去了？

〔小生〕聽說被選入宮了。〔生驚介〕怎……怎的被選入宮了！幾時去的？〔小生〕這倒不知。〔生起，掩淚介〕

【傾杯序】尋徧，立東風漸午天，那一去人難見。〔瞧介〕看紙破窗櫺，紗裂簾幔。裹殘羅帕，戴過花鈿，舊笙簫無一件。紅鴛衾盡捲，翠菱花放扁，鎖寒煙，好花枝不照麗人眼。

想起小生定情之日，桃花盛開，映着簇新新一座妝樓；不料美人一去，零落至此。今日小生重來，又值桃花盛開，對景觸情，怎能忍住一雙眼淚。〔掩淚坐介〕

【玉芙蓉】春風上巳天，桃瓣輕如翦，正飛綿作雪，落紅成霰。不免取開畫扇，對着桃花賞玩一番。〔取扇看介〕濺血點作桃花扇，比着枝頭分外鮮。這都是為着小生來。攜上妝樓展，對遺跡宛然，為桃花結下了死生冤。

〔小生〕請教這扇上桃花，何人所畫？〔生〕就是貴東楊龍友的點染。〔小生〕為何對之揮淚？〔生〕此扇乃小生與香君訂盟之物。

【山桃紅】那香君呵！手捧着紅絲硯，花燭下索詩篇。〔指介〕一行行寫下鴛鴦券。不到一月，小生避禍遠去，香君閉門守志，不肯見客，惹惱了幾個權貴。放一羣吠神仙朱門犬。那時硬搶香君下樓，香君着急，把花容呵，似鵑血亂灑啼紅怨。這柄詩扇恰在手中，竟為濺血點壞。〔小生〕可惜可惜！〔生〕後來楊龍友添上梗葉，竟成了幾筆折枝桃花。〔拍扇介〕這桃花扇在，那人阻春煙。

〔小生看介〕畫的有趣，竟看不出是血跡來。〔問介〕這扇怎生又到先生手中？〔生〕香君思念小生，托他師父到處尋俺，把這桃花扇，當了一封錦字書。小生接得此扇，跋涉來訪，不想香君又入宮去了。〔掩淚介〕〔末扮楊龍友冠帶，從人喝道上〕臺上久無秦弄玉，船中新到米襄陽。〔雜入報介〕兵科楊老爺來看藍相公，門外下轎了。〔小生慌迎見介〕〔末上樓見生，揖介〕侯兄幾時來的？〔生〕適纔到此，尚未奉拜。〔末〕聞得一向在史公幕中，又隨高兵防河。昨見塘報，高傑於正月初十日，已為許定國所殺，那時世兄在那裏來？〔生〕小弟正在鄉園，忽遇此變，扶着家父逃避山中，一月有餘。恐為許兵蹤跡，故又買舟南來。路遇蘇崑生，持扇相訪，只得連夜赴約。竟不知香君已去。〔問介〕請問是幾時去的？〔末〕正月人日被選入宮的。〔生〕到幾時才出來？〔末〕遙遙無期。〔生〕小生只得在此等他了。〔末〕此處無可留戀，倒是別尋佳麗罷。〔生〕小生怎忍負約，但得他一信，去也放心。

【尾犯序】望咫尺青天，那有個瑤池女使，偷遞情箋。明放着花樓酒樹，丟做個雨井煙垣。堪憐！舊桃花劉郎又撚，料得新吳宮西施不願。橫揣俺天涯夫壻，永巷日如年。

第二十九齣

〔末〕世兄不必愁煩，且看田叔作畫罷。〔小生畫介〕〔生、末坐看介〕這是一幅桃源圖？〔小生〕正是。〔末問介〕替那家畫的？〔小生〕大錦衣張瑤星先生，新修起松風閣，要裱做照屏的。〔生贊介〕妙妙！位置點染，別開生面，全非金陵舊派。〔小生作畫完介〕見笑，見笑！就求題詠幾句，為拙畫生色如何？〔生〕不怕寫壞，小生就獻醜了。〔題介〕原是看花洞裏人，重來那得便迷津，漁郎誑指空山路，留取桃源自避秦。歸德侯方域題。〔末讀介〕佳句。寄意深遠，似有微怪小弟之意。〔生〕豈敢！〔指畫介〕

【鮑老催】這流水溪堪羨，落紅英千千片。抹雲煙，綠樹濃，青峰遠。仍是春風舊境不曾變，沒個人兒將咱繫戀。是一座空桃源，趁着未斜陽將棹轉。

〔起介〕〔末〕世兄不要埋怨，而今馬、阮當道，專以報讎雪恨為事；俺雖至親好友，不敢諫言。恰好人日設席，喚香君供唱；那香君性氣，你是知道的，手指二公一場好罵。〔生〕呵呀！這番遭他毒手了。〔末〕虧了小弟在旁，十分勸解，僅僅推入雪中吃了一驚。幸而選入內庭，暫保性命。〔向生介〕世兄既與香君有舊，亦不可在此久留。〔生〕是，是！承教了。〔同下樓行介〕

【尾聲】熱心腸早把冰雪嚥，活冤業現擺着麒麟楦。〔收扇介〕俺且抱着扇上桃花閒過遣。

〔竟下介〕〔末〕我們別過藍兄，一同出去罷。〔生〕正是忘了作別。〔作別介〕請了！〔小生先閉門下〕〔生、末同行介〕

〔生〕重到紅樓意悄然，〔末〕閒評詩畫晚春天；〔生〕美人公子飄零盡，〔末〕一樹桃花似往年。

第二十九齣　逮社　乙酉三月

【鳳凰閣】〔丑扮書客蔡益所上〕堂名二酉，萬卷牙籤求售。何物充棟汗車牛，混了書香銅臭。賈儒商秀，怕遇着秦皇大搜。

在下金陵三山街書客蔡益所的便是。天下書籍之富，無過俺金陵；這金陵書鋪之多，無過俺三山街；這三山街書客之大，無過俺蔡益所。〔指介〕你看十三經、廿一史、九流三教、諸子百家、腐爛時文、新奇小說，上下充箱盈架，高低列肆連樓。不但興南販北，積古堆今，而且嚴批妙選，精刻善印。俺蔡益所既射了貿易詩書之利，又收了流傳文字之功；憑他進士舉人，見俺作揖拱手，好不體面。〔笑介〕今乃乙酉鄉試之年，大布恩綸，開科取士。准了禮部尚書錢謙益的條陳，要亟正文體，以光新治。俺小店乃坊間首領，只得聘請幾家名手，另選新篇。今日正在裏邊刪改批評，待俺早些貼起封面來。〔貼介〕風氣隨名手，文章中試官。〔下〕〔生、淨背行囊上〕

【水紅花】〔生〕當年煙月滿秦樓，夢悠悠，簫聲非舊。人隔銀漢幾重秋，信難投，相思誰救。〔喚介〕崑老，我們千里跋涉，為赴香君之約。不料他被選入宮，音信杳然，昨晚掃興回來；又怕有人蹤跡，故此早早移寓。但不知那處僻靜，可以多住幾時，打聽音信。等他詩題紅葉，白了少年頭。佳期難道此生休也囉？

〔淨〕我看人情已變，朝政日非；且當道諸公，日日羅織正人，報復夙怨。不如暫避其鋒，把香君消息，從容打聽罷。〔生〕說的也是，但這附近州郡，別無相知；只有好友陳定生住在宜興，吳次尾住在貴池。不免訪尋故人，倒也是快事。〔行介〕

【前腔】故人多狎水邊鷗，傲王侯，紅塵拂袖。長安棋局不勝愁，買孤舟，南尋煙岫。〔淨〕來到三山街書鋪廊了，人煙稠密，趲行幾步纔好。〔疾走介〕妨他豺狼當道，冠帶幾獼猴。三山榛莽水狂流也囉。

〔生指介〕這是蔡益所書店，定生、次尾常來寓此，何不問他一信。〔住看介〕那廊柱上貼着新選封面，待我看來。〔讀介〕「復社文開。」〔又看介〕這左邊一行小字，是「壬午、癸未房墨合刊」；右邊是「陳定生、吳次尾兩先生新選」。〔喜介〕他兩人難道現寓此間不成？〔淨〕待我問來。〔叫介〕掌櫃的那裏？〔丑上〕請了，想要買甚麼書籍麼？〔生〕非也。要借問一信。〔丑〕問誰？〔生〕陳定生、吳次尾兩位相公來了不曾？〔丑〕現在裏邊，待我請他出來。〔丑下〕〔末、小生同上見介〕呀！原來是侯社兄。〔見淨介〕蘇崑老也來了。〔各揖介〕〔末問介〕從那來的？〔生〕從敝鄉來的。〔小生問介〕幾時進京？〔生〕昨日纔到。

【玉芙蓉】烽煙滿郡州，南北從軍走；嘆朝秦暮楚，三載依劉。歸來誰念王孫瘦，重訪秦淮簾下鉤。徘徊久，問桃花昔遊，這江鄉，今年不似舊溫柔。

〔問末、小生介〕兩兄在此，又操選政了？〔末、小生〕見笑。

【前腔】金陵舊選樓，聯榻同良友；對丹黃筆硯，事業千秋。六朝衰弊今須救，文體重開韓柳歐。傳不朽，把東林盡收，纔知俺中原復社附清流。

〔內喚介〕請相公們裏邊用茶。〔末、小生〕來了。〔讓生、淨入介〕〔雜扮長班持拜帖上〕我家官府阮大鋮，新升兵部侍郎；

第二十九齣

特賜蟒玉，欽命防江。今日到三山街拜客，只得先來。〔副淨扮阮大鋮，蟒玉，驕態，坐轎，雜持傘、扇引上〕

【朱奴兒】〔副淨〕排頭踏青衣前走，高軒穩扇蓋交抖。看是何人坐上頭，是當日胯下韓侯。〔雜稟介〕請老爺停轎，與僉都越老爺投帖。〔雜投帖介〕〔副淨停轎介〕吩咐左右，不必打道，儘着百姓來瞧。〔搧扇大說介〕我阮老爺今日欽賜蟒玉，大轎拜客。那班東林小人，目下奉旨搜拿，躲的影兒也沒了。〔笑介〕才顯出誰榮誰羞，展開俺眉頭皺。〔看書鋪介〕那廊柱上帖的封面，有甚麼復社字樣；叫長班揭來我瞧。〔雜揭封面，送副淨讀介〕「復社文開。陳定生吳次尾新選。」〔怒介〕嗄！復社乃東林後起，與周鑣、雷縯祚同黨；朝廷正在拿訪，還敢留他選書。這個書客也大膽之極了。快快住轎！〔落轎介〕〔副淨下轎，坐書鋪吩咐介〕速傳坊官。〔雜喊介〕坊官那裏？〔淨扮坊官急上，跪介〕稟大老爺，傳卑職有何吩咐？

【前腔】〔副淨〕這書肆不將法守，通惡少復社渠首。奉命今將逆黨搜，須得你蔓引株求。〔淨〕不消大老爺費心，卑職是極會拿人的。〔進入拿丑上〕犯人蔡益所拿到了。〔丑跪稟介〕小人蔡益所並未犯法。〔副淨〕你刻什麼《復社文開》，犯法不小。〔丑〕這是鄉會房墨，每年科場要選一部的。〔副淨喝介〕哇！目下訪拿逆黨，功令森嚴，你容留他們選書，還敢口強，快快招來。〔丑〕不干小人事，相公們自己走來，現在裏面選書哩。〔副淨〕既在裏面，用心看守，不許走脫一人。〔丑應下〕〔副淨向淨私語介〕訪拿逆黨，是鎮撫司的專責，速遞報單，叫他校尉拿人。傳緹騎重興獄囚，笑楊左今番又休。〔淨〕是。〔速下〕〔副淨上轎介〕〔生、末、小生拉轎，喊介〕我們有何罪過，着人看守；你這位老先生，不畏天地鬼神了。〔副淨微笑介〕學生並未得罪，為何動起公憤來？〔拱介〕請教諸兄尊姓台號？〔小生〕俺是吳次尾。〔末〕俺是陳定生。〔生〕俺是侯朝宗。〔副淨微怒介〕哦！原來就是你們三位！今日都來認認下官。

【剔銀燈】堂堂貌鬚長似帚，昂昂氣胸高如斗。〔向小生介〕那丁祭之時，怎見的阮光祿難司籩和豆。〔向末介〕那借戲之時，為甚把燕子箋弄俺當場醜。〔向生介〕堪羞！妝奩代湊，倒惹你裙釵亂丟。〔生〕你就是阮鬍子，今日報讎來了。〔末、小生〕好，好，好！大家扯他到朝門外，講講他的素行去。〔副淨佯笑介〕不要忙，有你講的哩。〔指介〕你看那來的何人？〔副淨坐轎下〕〔雜扮白靴四校尉上〕〔亂叫介〕那是蔡益所？〔丑〕在下

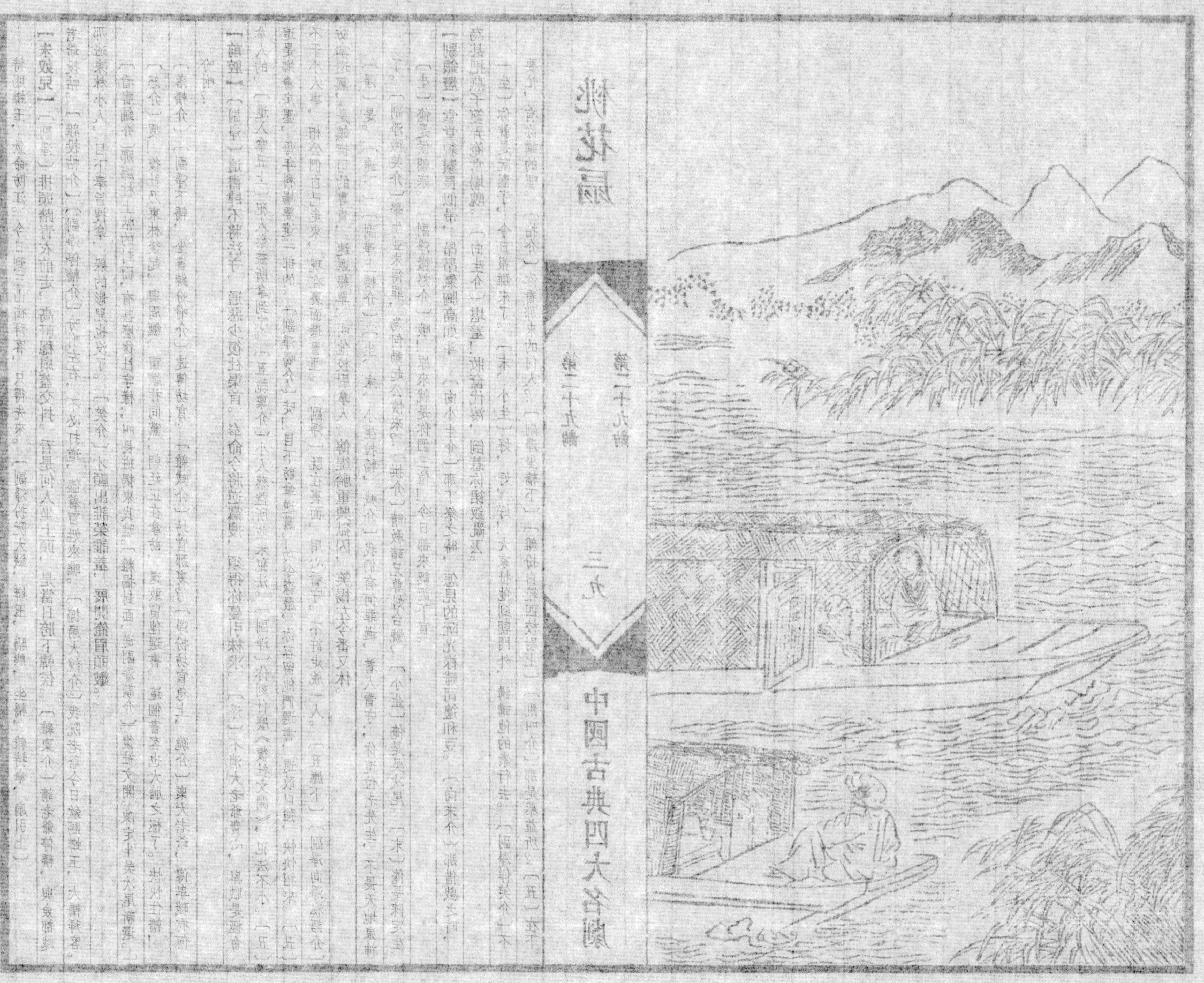

便是，問俺怎的？〔雜〕俺們是駕上來的，快快領着拿人。〔丑〕要拿那個？〔雜〕拿陳、吳、侯三個秀才。〔生〕不要拿。我們都在這邊哩，有話說來。〔雜〕請到衙門裏說去罷！〔竟丟鎖套三人下〕〔丑弔場介〕這是那裏的帳。〔喚介〕蘇兄快來！

〔淨扮蘇崑生上〕怎麼樣的了？〔丑〕了不得，了不得！選書的兩位相公拿去罷了，連侯相公也拿去了。〔淨〕有這等事！

【前腔】〔合〕兇兇的縲絏在手，忙忙的捉人飛走；小復社沒個東林救，新馬阮接着崔田後。堪憂！昏君亂相，為別人公報私讎。

〔淨〕我們跟去，打聽一個真信，好設法救他。〔丑〕正是。看他安放何處，俺好早晚送飯。

〔丑〕朝市紛紛報怨讎，〔淨〕乾坤付與杞人憂；〔丑〕倉皇誰救焚書禍，〔淨〕只有寧南一左侯。

第三十齣　歸山　乙酉三月

【粉蝶兒】〔外白鬚扮張薇冠帶上〕何處家山，回首上林春老，秣陵城煙雨蕭條。歎中興，新霸業，一聲長嘯。舊宮袍，襯着嬾散衰貌。

下官張薇，表字瑤星，原任北京錦衣衛儀正之職。避亂南來，又遇新主中興，錄俺世勳，仍補舊缺。不料權奸當道，朝局日非，新於城南修起三間松風閣，不日要投閒歸老。只因有逆案兩人，乃禮部主事周鑣，按察副使雷縯祚，馬、阮挾讎，必欲置之死地。下官深知其冤，只是無法可救，中夜躊躇，故此去志未決。

【尾犯序】黨禍起新朝，正士寒心，連袂高蹈。俺有何求，為他人操刀。急逃！蓋了座松風草閣，等着俺白雲嘯傲；只因這沈冤未解夢空勞。

〔副淨扮家僮上，稟介〕稟老爺，鎮撫司馮可宗拿到逆黨三名，候老爺升廳發放。〔雜扮校尉四人，持刑具羅列介〕〔外升廳介〕〔淨扮解役投文，押生、末、小生帶鎖上〕〔跪介〕〔外看文問介〕據坊官報單，說爾等結社朋謀，替周鑣、雷縯祚行賄打點，因而該司捕解；快快從實招來，免受刑拷。

【前腔】〔末、小生〕難招！筆硯本吾曹，復社青衿，評選文稿。無罪而殺，是坑儒根苗。〔生〕休拷！俺來此攜琴訪友，並不曾流連夜曉。無端的池魚堂燕一時燒。

〔外〕據爾所供，一無實跡，難道本衙門誣良為盜不成！〔拍驚堂介〕叫左右預備刑具，叫他逐個招來。〔末前跪介〕老大人不必動怒。犯生陳貞慧，直隸宜興人，不合在蔡益所書坊選書，並無別情。〔小生前跪介〕犯生吳應箕，直隸貴池人，不合與陳貞慧同事，並無別情。〔外向淨介〕既在蔡益所書坊，結社朋謀，行賄打點，彼必知情。為何竟不拿到？〔投籤與淨介〕速拿蔡益所質審。〔淨應下〕〔生前跪介〕犯生侯方域，河南歸德府人，遊學到京，與陳貞慧、吳應箕文字舊交。纔來拜望，一同拿來了。並無別情。〔外想介〕前日藍田叔所畫桃源圖，有歸德侯方域題句。〔轉問介〕你是侯方域麼？〔生〕犯生便是。〔外拱介〕失敬了！前日所題桃源圖，大有見解，領教，領教！〔吩咐介〕這事與你無干，請一邊候。〔生〕多謝超豁了。〔一邊坐介〕〔淨持籤上〕〔稟介〕稟老爺，蔡益所店門關閉，逃走無蹤了。〔外〕朋謀打點，全無證據，如何審擬。〔尋思介〕〔副淨持書送上介〕王、錢二位老爺有公書。〔外看介〕原來是內閣王覺斯、大宗伯錢牧齋、兩位老先生公書。待俺看來！〔開書背看，點頭介〕說的有理，竟不知陳、吳二犯，就是復社領袖。

【紅衲襖】一個是定生兄，藝苑豪；一個是主騷壇，吳次老。為甚的冶長無罪拘臯陶，俺怎肯禍興黨錮推又敲。大錦衣，權自操；黑獄中，白日照。莫教名士清流賈禍含冤也，把中興文運凋。

〔轉拱介〕陳、吳兩兄，方纔得罪了。〔問介〕王覺斯、錢牧齋二位老先生，一向交好麼？〔末、小生〕並無相與。〔外〕為何發書，極道兩兄文名，囑俺開釋？〔末、小生〕想出二公主持公道之意。〔外〕是，是。下官雖係武職，頗讀詩書，豈肯殺人媚人。〔吩咐介〕這事冤屈，請一邊候；待俺批回該司，速行釋放便了。〔批介〕〔末、小生一邊坐介〕〔副淨持朝報送上介〕稟老爺，今日科抄有要緊旨意，請老爺過目。〔外看報介〕「內閣大學士馬一本，為速誅叛黨，以靖邪謀事。犯官周鑣、雷縯祚，私通潞藩，叛跡顯然；乞早正法，曉示臣民等語。奉旨周鑣、雷縯祚，着監候處決。又兵部侍郎阮一本，為捕滅社黨，廓清皇圖事。照得東林老奸，如蝗蔽日；復社小醜，似蝻出田。蝗為現在之災，捕之欲盡；蝻為將來之患，滅之勿遲。臣編有《蝗蝻錄》，可按籍而收也等語。奉旨這東林社党，着嚴行捕獲，審擬具奏；該衙門知道！」〔外驚介〕不料馬、阮二人，又有這番舉動，從此正人君子無孑遺矣。

【前腔】俺正要省約法，畫獄牢；那知他鑄刑書，加炮烙。莫不是清流欲向濁流拋，莫不是黨碑又刻元祐號。這法網，人怎逃；這威令，誰敢拗。眼見復社東林盡入囹圄也，試新刑，搜爾曹。

〔向生等介〕下官憐爾無辜，正思開釋。忽然奉此嚴旨，不但周、雷二公定了死案；從此東林、復社，那有漏網之人。〔生

等跪求介〕尚望大人超豁。〔外〕俺若放了諸兄，倘被別人拿獲，再無生理，且不要忙。〔批介〕據送三犯，朋謀打點，俱無實跡。俟拿到蔡益所之日，審明擬罪可也。〔向生等介〕那鎮撫司馮可宗，雖係功名之徒，卻也良心未喪，待俺寫書與他。〔寫介〕老夫待罪錦衣，多歷年所，門戶党援，何代無之。總之君子、小人，互為盛衰，事久則變，勢極必反：我輩職司風紀，不可隨時偏倚，代人操刀。天道好還，公論不泯，慎勿自貽後悔也。〔拱介〕諸兄暫屈獄中，自有昭雪之日。〔淨、雜押生等俱下〕〔外退堂介〕俺張薇原是先帝舊臣，國破家亡，已絕功名之念，為何今日出來助紂為虐。自古道：「知幾不俟終日。」看這光景，尚容躊躇再計乎。〔喚介〕家僮快牽馬來，我要到松風閣養病去了。〔副淨牽馬上〕坐馬在此。〔外上馬，副淨隨行介〕

【解三醒】〔外〕好趁着晴春晚照，滿路上絮舞花飄。遙望見城南蒼翠山色好，把紅塵客夢全消。且喜已到松風閣，這是俺的世外桃源；不免下馬登樓，趁早料理起來。〔下馬登樓介〕清泉白石人稀到，一陣松風響似濤。〔喚介〕叫園丁撐開門窗，拂淨欄檻，俺好從容眺望。〔雜扮園丁收拾介〕燕泥沾落絮，蛛網罥飛花。稟老爺，收拾乾淨了。〔下〕〔外窺窗介〕你看松陰低戶，沁的人心骨皆涼。此處好安吟榻。〔又憑欄介〕你看春水盈池，照的人鬚眉皆碧。此處好支茶竈。〔忽笑介〕來的慌了，冠帶袍靴全未脫卻；如此打扮，豈是桃源中人。可笑，可笑！〔喚介〕家僮開了竹箱，把我買下的箬笠、芒鞋、蘿絛、鶴氅，替俺換了。〔換衣帶介〕**堪投老，纔修完三間草閣，便解宮袍。**

〔淨扮校尉鎖丑牽上〕松間批駕帖，竹裏驗公文。方才拿住蔡益所，聞得張老爺來此養病，只得趕來銷籤。〔叫介〕門上大叔那裏？〔副淨出問介〕來稟何事，如此緊急？〔淨〕稟老爺，拿到蔡益所了，特來銷籤。〔繳籤介〕〔副淨上樓，稟介〕衙門校尉帶着蔡益所回話。〔外驚介〕拿了蔡益所，他三人如何開交？〔想介〕有了，叫校尉樓下伺候，聽俺吩咐。〔副淨傳淨跪樓下介〕〔外吩咐介〕這件機密重案，不可絲毫洩漏；暫將蔡益所羈候園中，待我回衙，細細審問。〔淨〕是。〔將丑拴樹介〕〔淨欲下介〕〔外〕轉來，園中窄狹，把這匹官馬，牽回餵養；我的冠帶袍靴，你也順便帶去。我還要多住幾時，不許擅來囉唣。〔淨應下〕〔外跌足介〕壞了，壞了！衙役走入花叢，犯人鎖在松樹，還成一個什麼桃源哩。不如下樓去罷！〔下樓見丑介〕果是蔡益所哩。〔丑跪介〕犯人與老爺曾有一面之識。〔外〕雖係舊交，你容留復社，犯罪不輕。〔丑叩頭介〕是。〔外〕你店中書籍，大半出於復社之手，件件是你的贓證。〔丑叩頭介〕只求老爺超生。〔外〕你肯捨了家財，才能保得性命。〔丑〕犯人情願離家。〔外喜介〕這等就有救矣。〔喚介〕家僮與他開了鎖頭。〔副淨開丑介〕〔外〕你既肯離家，何不隨我住山。〔丑〕老爺若肯攜帶，小人就有命了。〔外指介〕你看東北一帶，雲白山青，都是絕妙的所在。〔喚介〕家僮好生看門，我同蔡益所瞧瞧就來。〔副淨應下〕〔丑隨外行介〕〔外指介〕我們今夜定要宿在那蒼蒼翠翠之中。〔丑〕老爺要去看山，須差人早安公館。那山寺荒涼，如何住宿？〔外〕你怎曉得，捨了那頂破紗帽，何處岩穴着不的這個窮道人。〔丑背介〕這是那裏說起？〔外〕不要遲疑，一直走去便了。

【前腔】眼望着白雲縹緲，顧不得石徑迢遙。漸漸的松林日落空山杳，但相逢幾個漁樵。翠微深處人家少，萬嶺千峰路一條。開懷抱，儘着俺山遊寺宿，不問何朝。

境隔仙凡幾樹桃，纔知容易謝塵囂；清晨檢點白雲署，行到深山日尚高。

第三十一齣　草檄　乙酉三月

〔淨扮蘇崑生上〕萬曆年間一小童，崇禎朝代半衰翁；曾逢天啓乾恩蔭，又見弘光嗣廠公。我蘇崑生，睜着五旬老眼，看了四代時人，故此做這幾句口號。你說那兩位嗣廠公，有天沒日，要把正人君子，捕滅盡絕。可憐俺侯公子，做了個法頭例首。我老蘇與他同鄉同客，只得遠來湖廣，求救於寧南左侯。誰想一住三日，無門可入；今日江上大操，看他兵馬過處，雞犬無聲，好不肅靜。等他回營，少不的尋個法兒，見他一面。〔喚介〕店家那裡？〔副淨扮店主上〕黃鶴樓頭仙客少，白雲市上酒家多。客官有何話說？〔淨〕請問元帥左爺爺，待好回營麼？〔副淨〕早哩，早哩！三十萬人馬，每日操到掌燈；況今日又留督撫袁老爺、巡按黃老爺在教場飲酒，怎得便回。〔淨〕既是這等，替我打壺酒來，慢慢的吃着等他罷。〔副淨取酒上〕等他做甚。吃杯酒，早些安歇罷。〔淨〕俺並不張看，你放心閉門便了。〔副淨下〕〔淨望介〕你看一輪明月，早出東山，正當春江花月夜；只是興會不佳耳。〔坐斟酒飲介〕對此杯中物，勉強唱隻曲兒，解悶則個。〔自敲鼓板唱介〕

【念奴嬌序】長空萬里，見嬋娟可愛，全無一點纖凝。十二闌干光滿處，涼浸珠箔銀屏。偏稱，身在瑤臺，笑斟玉斝，人生幾見此佳景。惟願取年年此夜，人月雙清。〔自斟飲介〕這樣好曲子，除了阮圓海卻也沒人賞鑒。罷了罷了！寧可埋之浮塵，不可投諸匪類。〔又

第三十一齣

飲介〕這時候也待好回營了，待俺細細唱起來。他若聽得，不問便罷，倘來問俺，倒是個機會哩。〔又敲鼓板唱介〕

【前腔】孤影，南枝乍冷，見烏鵲縹緲，驚飛棲止不定。〔副淨上怨介〕客官安歇罷，萬一元帥聽得，連累小店，倒不是耍的。〔淨唱介〕萬疊蒼山，何處是修竹吾廬三徑。〔副淨拉淨睡介〕〔淨〕不妨事的。俺是元帥鄉親，巴不得叫他知道，纔好請俺進府哩。〔副淨〕既是這等，憑你，憑你！〔下〕〔淨又唱介〕追省，丹桂誰攀，姮娥獨住，故人千里漫同情。惟願取年年此夜，人月雙清。

〔雜扮小卒數人，背弓、矢、盔、甲走過介〕〔淨聽介〕外邊馬蹄亂響，想是回營了，不免再唱一曲。〔又敲鼓板唱介〕

【前腔】光瑩，我欲吹斷玉簫，驂鸞歸去，不知何處冷瑤京。〔雜扮小軍四人旗幟前導介〕〔淨聽介〕喝道之聲，漸漸近來，索性大唱一唱。環佩濕，似月下歸來飛瓊。〔小生扮左良玉，外扮袁繼咸，末扮黃澍冠帶騎馬上〕朝中新政教歌舞，江上殘軍試鼓鼙。〔外聽介〕咦！將軍，貴鎮也教起歌舞來了。〔小生〕軍令嚴肅，民間誰敢。〔末指介〕果然有人唱曲。〔小生立聽介〕〔淨大唱介〕那更，香霧雲鬟，清輝玉臂，廣寒仙子也堪並。惟願取年年此夜，人月雙清。

〔小生怒介〕目下戒嚴之時，不遵軍法，半夜唱曲。快快鎖拿！〔雜打下門，拿出淨，跪馬前介〕〔小生問介〕方纔唱曲，就是你麼？〔淨〕是。〔小生〕軍令嚴肅，你敢如此大膽。〔淨〕無可奈何，冒死唱曲，只求老爺饒恕。〔外〕聽他所說，像是醉話。〔末〕唱的曲子，倒是絕調。〔小生〕這人形跡可疑，帶入帥府，細細審問。〔帶淨行介〕

【窣地錦襠】〔合〕操江夜入武昌門，雞犬寂寥似野村。三更忽遇擊筑人，無故悲歌必有因。

〔作到府介〕〔小生讓外、末介〕就請下榻荒署，共議軍情。〔外、末〕怎好攪擾。〔同入坐介〕〔外〕方纔唱曲之人，倒要早早發放。〔小生〕正是。〔吩咐介〕帶過那個唱曲的來。〔雜帶淨跪介〕〔小生問介〕你把犯法情由，從實說來。〔淨〕小人來自南京，特投元帥；因無門可入，故意犯法，求見元帥之面的。〔小生〕唗！該死奴才，還不實說。〔末〕不必動怒。叫他說，要見元帥，有何緣故。

【鎖南枝】〔淨〕京中事，似霧昏，朝朝報讎搜黨人。現將公子侯郎，拿向囹圄困。望舊交，懷舊恩，替新朝，削新忿。

〔小生〕那侯公子，是俺世交，既來求救，必有手書。取出我瞧。〔淨叩頭介〕那日阮大鋮親領校尉，立拿送獄，那裏寫得及書。〔外〕憑你口說，如何信得。〔小生想介〕有了，俺幕中有侯公子一個舊人，煩他一認，便知真假。〔吩咐介〕請柳相公出來。〔雜應介〕〔丑扮柳敬亭上〕肉朋酒友，問俺老柳。待俺認來。〔點燭認介〕呀！原來是蘇崑生，我的盟弟。〔各掩淚介〕〔小生〕果然認的麼？〔丑〕他是河南蘇崑生，天下第一個唱曲的名手，誰不認的。〔小生喜介〕竟不知唱曲之人，倒是一個義士。〔拉起介〕請坐，請坐。〔淨各揖坐介〕〔丑〕你且說侯公子為何下獄？

【前腔】〔淨〕為他是東林黨，復社羣，曾將魏崔門戶分。小阮思報前讎，老馬沒分寸。三山街，緹騎狠，驟飛來，似鷹隼。

把侯相公拿入獄內，音信不通，俺沒奈何，冒死求救。幸虧將軍不殺，又得遇着柳兄。〔揖介〕只求長兄懇央元帥，早發救書，也不枉俺一番遠來。〔小生氣介〕袁、黃二位盟弟，你看朝事如此，可不恨死人也。〔外〕不特此也。聞得舊妃童氏，跋涉尋來，馬、阮不令收認；另藏私人，豫備采選，要圖椒房之親，豈不可殺。〔末〕還有一件，崇禎太子，七載儲君，講官大臣，確有證據，今欲付之幽囚。人人共憤，皆思寸磔馬、阮，以謝先帝。〔小生大怒介〕我輩戮力疆場，只為報效朝廷；不料信用奸黨，殺害正人，日日賣官鬻爵，演舞教歌，一代中興之君，行的總是亡國之政。只有一個史閣部，頗有忠心，被馬、阮內裏掣肘，卻也依樣葫蘆。剩俺單身隻手，怎去恢復中原。〔跌足介〕罷，罷，罷！俺沒奈何，竟做要君之臣了。〔揖外介〕臨侯替俺修起參本。〔外〕怎麼樣寫？〔小生〕你只痛數馬、阮之罪便了。〔外〕領教！〔丑送紙筆外寫介〕

【前腔】朝廷上，用逆臣，公然棄妃囚嗣君。報讎翻案紛紛，正士皆逃遁。尋冶容，教豔品，賣官爵，筆難盡。

〔外寫完介〕〔小生〕還要一道檄文，借重仲霖起稿罷。〔揖介〕〔末〕也是這樣做麼？〔小生〕你說俺要發兵進討，叫他死無噍類。〔丑〕該，該！〔小生〕你前日勸俺不可前進，今日為何又來贊成。〔丑〕如今是弘光皇帝了，彼一時也，此一時也。〔小生〕是，是！俺左良玉乃先帝老將，先帝現有太子，是俺小主。那馬、阮擅立弘光之時，俺遠在邊方，原未奉詔的。

〔末〕待俺做來。〔丑送紙筆，末寫介〕

【前腔】清君側，走檄文，雄兵義旗遮路塵。一霎飛渡金陵，直抵鳳凰門。朝帝宮，謁孝寢，搜黃閣，試白刃。

〔末寫完介〕〔小生〕就列起名來。〔外〕這樣大事，還該請到新巡撫何騰蛟，求他列名。〔小生〕他為人固執，不必相聞，竟寫上他罷了。〔外、末列名介〕〔小生〕今夜謄寫停當，明早飛遞投送；俺隨後也就發兵了。〔外〕只怕遞鋪誤事。〔小生〕為何？〔外〕京中匿名文書，紛紛雨集；馬、阮每早令人搜尋，隨得隨燒，並不過目。〔小生〕如此只得差人了。〔末〕也

使不得。聞得馬、阮密令安慶將軍杜弘域，築起坂磯，久有防備我兵之意。此檄一到，豈肯干休；那差去之人，便死多活少了。〔小生〕這等怎處？〔丑〕倒是老漢去走走罷。〔外、末驚介〕這位柳先生，竟是荊軻之流，我輩當以白衣冠送之。〔丑〕這條老命甚麼希罕，只要辦的元帥事來。〔小生大喜介〕有這等忠義之人，俺左崑山要下拜了。〔喚介〕左右取一杯酒來。

〔雜取酒上，小生跪奉丑酒介〕請盡此杯。〔丑跪飲乾介〕〔衆拜丑，丑答拜介〕

【前腔】擎杯酒，拭淚痕，荊卿短歌聲自吞。夜半攜手叮嚀，滿座各消魂。何日歸，無處問，夜月低，春風緊。

〔各掩淚介〕〔丑向淨介〕借重賢弟，暫陪元帥；俺就束裝東去了。〔淨〕只願救取公子，早早出獄，那時再與老哥相見罷。

〔俱作別介〕〔丑先下〕〔小生〕義士，義士！〔外、末〕壯哉，壯哉！

渺渺煙波夜氣昏，一樽酒盡客消魂；從來壯士無還日，眼看長江下海門。

第三十二齣　拜壇　乙酉三月

【吳小四】〔副末扮贊禮郎冠帶白鬚上〕眼看他，命運差，河北新房一半塌。承繼個兒郎貪戲耍，不報冤讎不掙家。窩裏財，奴亂抓。

在下是太常寺一個老贊禮，住在神樂觀旁，專管廟陵祭享之事。那知天翻地覆，立了這位新爺，把俺南京重新興旺起來。今歲乙酉，改曆建號之年，家家慶賀。我老漢三杯入肚，只唱這個隨心令兒。旁人勸我道：「各人自掃門前雪，莫管他家瓦上霜。」我回言道：「大風吹倒梧桐樹，也要旁人話短長。」〔喚介〕孩子們，今日是三月十幾日？〔內〕三月十九日了。〔副末〕呵呀！三月十九日，乃崇禎皇帝忌辰。奉旨在太平門外設壇祭祀，派着我當執事的，怎麼就忘了，快走，快走！〔走介〕岡岡巒巒，接接連連，竹竹松松，密密叢叢。不覺已到壇前，且喜百官未到，待俺趁早鋪設起來。〔作排案，供香、花、燭、酒介〕

【普天樂】〔淨扮馬士英，末扮楊文驄，素服從人上〕舊江山，新圖畫，暮春煙景人瀟灑。出城市，徧野桑麻；哭甚麼舊主升遐，告了個遊春假。〔外扮史可法素服上〕這纔去野哭江邊奠杯斝，揮不盡血淚盈把。年時此日，問蒼天，遭的甚麼花甲。

〔相見各揖介〕〔淨〕今日乃思宗烈皇帝升遐之辰，禮當設壇祭拜。〔末〕正是。〔外問介〕文武百官到齊不曾？〔副末〕俱已到齊了。〔淨〕就此行禮。〔副末贊禮，雜扮執事官捧帛、爵介〕〔贊〕執事官各司其事，陪祀官就位，代獻官就位。

〔各官俱照班排立介〕〔贊〕瘞毛血。迎神，參神，伏俯、興，伏俯、興，伏俯、興，伏俯、興。平身。〔各行禮完，立介〕

〔贊〕行奠帛禮，升壇〔淨秉笏至神位前介〕〔贊〕搢笏，獻帛，奠帛。〔淨跪奠帛叩介〕〔贊〕平身，出笏，詣讀祝位，跪。

〔淨跪介〕〔贊〕讀祝。〔副末跪讀介〕維歲次乙酉年，三月十九日，皇從弟嗣皇帝由崧，謹昭告於思宗烈皇帝曰：仰惟文德克承，武功載纘，御極十有七年，皇綱不振，大宇中傾，皇帝殉社稷，皇后太子俱死君父之難。弟愚不才，忝顏偷生，俯順臣民之請，正位南都，權為宗廟神人主。慟一人之升遐，懲百僚之怠傲，努力廟謨，惴惴憂懼，枕戈飲泣，誓復中原。今值賓天忌辰，敬設壇壝，遣官代祭。鑒茲追慕之誠，歆此蘋蘩之獻。尚饗！〔贊〕舉哀。〔各官哭三聲介〕〔贊〕哀止，伏俯、興，復位。〔淨轉下介〕〔贊〕行初獻禮，升壇。〔淨至神位前介〕〔贊〕搢笏，獻爵，奠爵。〔淨跪奠爵，叩介〕〔贊〕平身，出笏，復位。〔贊〕〔行亞獻終，獻禮，同。〕〔贊〕徹饌，送神，伏俯、興。〔四拜同〕〔各官依贊拜完，立介〕〔贊〕讀祝官捧祝，進帛官捧帛，各詣瘞位。〔各官立介〕〔贊〕望瘞。〔雜焚祝帛介〕〔贊〕禮畢。〔外獨大哭介〕

【朝天子】萬里黃風吹漠沙，何處招魂魄。想翠華，守枯煤山幾枝花，對晚鴉，江南一半殘霞。是當年舊家，孤臣哭拜天涯，似村翁歲臘，似村翁歲臘。

〔副末〕老爺們哭的不慟，俺老贊禮忍不住要大哭一場了。〔大哭一場下〕〔副淨扮阮大鋮素服大叫上〕我的先帝呀，我的先帝呀！今日是你周年忌辰，俺舊臣阮大鋮趕來哭臨了。〔拭眼問介〕祭過不曾？〔淨〕方纔禮畢。〔副淨至壇前，急四拜，哭白介〕先帝先帝！你國破身亡，總吃虧了一夥東林小人。如今都散了。剩下我們幾個忠臣，今日還想着來哭你，你為何至死不悟呀！

〔又哭介〕〔淨拉介〕圓老，不必過哀，起來作揖罷。〔副淨拭眼，各見介〕〔外背介〕可笑，可笑！〔作別介〕請了！煙塵三里路，魑魅一班人。〔下〕〔淨〕我們皆是進城的，就並馬同行罷。〔作更衣上馬行介〕

【普天樂】〔合〕奠瓊漿，哭壇下，失聲相向誰真假。千官散，一路喧譁，好趁着景美天佳，閒講些興亡話。詠歸去，恰似春風浴沂罷，何須問江北戎馬。南朝舊例盡風流，只愁春色無價。

〔雜喝道介〕〔淨〕已到雞鵝巷，離小寓不遠，請過荒園同看牡丹何如？〔末〕小弟還要拜客，就此作別了。〔末別下〕〔副淨〕待晚生趨陪罷。〔作到，下馬介〕〔淨〕請進。〔副淨〕晚生隨行。〔淨前副淨後，入園介〕〔副淨〕果然好花。〔淨吩咐介〕速擺酒席，我們賞花。〔雜擺席介〕〔淨、副淨更衣坐飲介〕〔淨大笑介〕今日結了崇禎舊局，明日恭請聖上臨御正殿，我們「一

朝天子一朝臣」了。〔副淨〕連日在江上，不知朝中有何新政？〔淨〕目下假太子王之明，正在這裏商量發放。圓老有何高見？

〔副淨〕這事明白易處。〔淨〕怎麼易處？〔副淨〕老師相權壓中外者，只因推戴二字。〔淨〕是，是！〔副淨〕既因推戴二字，

【朝天子】若認儲君真不差，把俺迎來主，放那搭。〔淨〕是，是！就着監禁起來，不要惑亂人心。〔問介〕還有舊妃童氏，哭訴朝門，要求迎為正後。這何以處之？〔副淨〕這益發使不得。自古道，君王愛館娃。繫臂紗，先須采選來家，替椒房作伐。〔淨〕是，是！俺已采選定了，這個童氏，自然不許進宮的。〔又問介〕那些東林復社，捕拿到京，如何審問？〔副淨〕這班人天生是我們冤對，豈可容情。切莫剪草留芽，但搜來盡殺，但搜來盡殺。

〔淨大笑介〕有理，有理！老成見到之言，句句合着鄙意。拿大杯來，歡飲三杯。〔雜扮長班持本急上，稟介〕寧南侯左良玉有本章一道，封投通政司；這是內閣揭帖，送來過目。〔淨接介〕他有什麼好本！〔看本，怒介〕呀，呀！了不得，就是參咱們的疏稿。這疏內數出咱七大罪，叫聖上立賜處分，好恨人也。〔雜又持文書急上〕還有公文一道，差人賚來的。〔淨接看，驚介〕又是討俺的一道檄文，文中罵的着實不堪；還要發兵前來，取咱的首級。這卻怎處？〔副淨驚起，亂抖介〕怕人，怕人！別的有法，這卻沒法了。〔淨〕難道長伸脖頸，等他來割不成？〔副淨〕待俺想來。〔想介〕沒有別法，除是調取黃、劉三鎮，早去堵截。〔淨〕倘若北兵渡河，叫誰迎敵？〔副淨向淨耳介〕北兵一到，還要迎敵麼？〔淨〕不迎敵，更有何法？

〔副淨〕只有兩法。〔淨〕請教！〔副淨作摳衣介〕跑。〔又作跪地介〕降。〔淨〕說的也是。大丈夫烈烈轟轟，寧可叩北兵之馬，不可試南賊之刀。吾主意已決，即發兵符，調取三鎮便了。〔想介〕且住，調之無名，三鎮未必肯去。這卻怎處？

〔副淨〕只說左兵東來，要立潞王監國，三鎮自然着忙的。〔淨〕是，是！就煩圓老親去一遭。

【普天樂】〔合〕發兵符，乘飛馬，過江速勸黃、劉駕。舟同濟，舵又同拿，纔保得性命身家。非是俺魂驚怕，怎當得百萬精兵從空下，頃刻把城闕攻打。全憑鐵鎖斷長江，拉開強弩招架。

〔副淨〕辭過老師相，晚生即刻出城了。〔淨〕且住，還有一句密話。〔附耳介〕內閣高弘圖、姜曰廣，左袒逆黨，俱已罷職了。那周鑣、雷縯祚，留在監中，恐為內應，趁早取決何如？〔副淨〕極該，極該！〔淨拱介〕也不送了。〔竟下〕〔副淨出〕〔雜稟介〕那個傳檄之人，還拿在這裏，聽候發落。〔副淨〕沒有甚麼發落，拿送刑部請旨處決便了。〔上馬欲下介〕

〔尋思介〕且不要孟浪。我看黃、劉三鎮，也非左兵敵手，萬一斬了來人，日後難於挽回。〔喚介〕班役，你速到鎮撫司，拜上馮老爺，將此傳檄之人，用心監候。〔雜應下〕〔副淨〕幾乎誤了大事。〔上馬速行介〕

江南江北事如麻，半倚劉家半阮家；三面和棋休打算，西南一子怕爭差。

第三十三齣　會獄

乙酉三月

【梅花引】〔生敝衣愁容上〕宮槐古樹閱滄田，掛寒煙，倚頹垣。末後春風，纔綠到幽院。兩個知心常步影，說新恨，向誰借酒錢。

小生侯方域，被逮獄中，已經半月。只因證據無人，暫羈候審，幸虧故人聯床，頗不寂寞。你看月色過牆，照的槐影迷離，不免虛庭一步。

【忒忒令】碧沉沉月明滿天，悽慘慘哭聲一片，牆角新鬼帶血來分辯。我與他死同讎，生同冤，黑獄裏，半夜作白眼。

獨立多時，忽然毛髮直豎，好怕人也。待俺喚醒陳、吳兩兄，大家閒話。〔喚介〕定兄醒來。〔又喚介〕次兄睡熟了麼？〔末、小生揉眼出介〕

【尹令】〔末〕這時月高斗轉，為何獨行空院，閒將露痕踏徧。〔小生〕愁懷且捐，萬語千言望誰憐。

〔見介〕侯兄怎的還不安歇？〔生〕我想大家在這黑獄之中，三春鶯花，半點不見；只有明月一輪，還來相照，豈可捨之而睡。

〔末〕是，是，同去步月一回。〔行介〕

【品令】〔生〕冤聲滿獄，鎯鐺夜徽纆。三人步月，身輕若飛仙。閒消自遣，莫說文章賤。從來豪傑，都向此中磨煉。似在棘圍鎖院，分簾校賦篇。

〔丑扮柳敬亭杻鎖上〕戎馬不知何處避，賢豪半向此中來。我柳敬亭，被拿入獄，破題兒第一夜，便覺難過。〔嘆介〕噯！方纔睡下，又要出恭；這個裙帶兒沒人解，好苦也。〔作蹲地聽介〕那邊有人說話，像是侯相公聲音，待我看來。〔起看，驚介〕竟是侯相公。〔喚介〕你是侯相公麼？〔生驚認介〕原來是柳敬亭。〔末、小生〕柳敬亭為何也到此中？〔丑認介〕陳相公、吳相公怎麼都在裏邊？〔舉手介〕阿彌陀佛！這也算「佛殿奇逢」了。〔生〕難得難得！大家坐地談談。〔同坐介〕

【荳葉黃】〔合〕便他鄉遇故，不算奇緣。這牆隔着萬重深山，撞見舊時親眷。渾忘身累，笑看月圓。卻也似武陵桃洞，卻也似

武陵桃洞；有避亂秦人，同話漁船。

〔生〕且問敬老，你犯了何罪，杻鎖連身，如此苦楚。〔丑〕老漢不曾犯罪。只因相公被逮入獄，蘇崑生遠赴寧南，懇求解救。那左帥果然大怒，連夜修本參着馬、阮，又發了檄文一道，託俺傳來，隨後要發兵進討。馬、阮害怕，自然放出相公去的。

【玉交枝】寧南兵變，料無人能將檄傳；探湯蹈火咱情願，也只為文士遭譴。白頭志高窮更堅，渾身枷鎖吾何怨；助將軍除暴解冤，助將軍除暴解冤。

〔生〕竟不知敬亭吃虧，乃小生所累。崑生遠去求救，益發難得。可感，可感！〔末〕雖如此說，只怕左兵一來，我輩倒不能苟全性命。〔小生〕正是，寧南不學無術，如何收救。〔皆長吁介〕〔淨扮獄官執手牌，雜扮校尉四人點燈提繩急上〕〔淨〕四壁冤魂滿，三更獄吏尊。刑部要人，明早處決，快去綁來。〔雜〕該綁那個？〔淨〕牌上有名。〔看介〕逆黨二名，周鑣、雷縯祚。〔雜執燈照生、末、小生、丑面介〕不是，不是！〔淨喝介〕你們無干的，各自躲開。〔淨領雜急下〕〔末悄問介〕綁那個？〔小生〕聽說要綁周鑣、雷縯祚。〔生〕嚇死俺也。〔丑〕我們等着瞧瞧。〔淨執牌前行，雜背綁二人，赤身披髮，急拉下〕〔生看呆介〕〔末〕果然是周仲馭、雷介公他二位。〔小生〕這是我們的榜樣了。

【江兒水】〔生〕演着明夷卦，事盡翻，正人慘害天傾陷。片紙飛來無人見，三更縛去加刑典，教俺心驚膽顫。〔合〕黑地昏天，這樣收場難免。

〔生問丑介〕我且問你，外邊還有甚麼新聞？〔丑〕我來的倉卒，不曾打聽，只見校尉紛紛拿人。〔末、小生問介〕還拿那個？〔丑〕聽說要拿巡按黃澍，督撫袁繼咸，大錦衣張薇；還有幾個公子秀才，想不起了！〔生〕你想一想？〔丑想介〕人多着哩。只記得幾個相熟的，有冒襄、方以智、劉城、沈壽民、沈士柱、楊廷樞。〔末〕有這許多。〔小生〕俺這裏邊，將來成一個大文會了。〔生〕倒也有趣。

【川撥棹】囹圄裏，竟是瀛洲翰苑。畫一幅文會圖懸，畫一幅文會圖懸，避紅塵一羣謫仙。〔合〕賞春月，同聽鵑，感秋風，同詠蟬。

〔丑〕三位相公，宿在那一號裏？〔生〕都在「荒」字號裏。〔末〕敬老羈在那裏？〔丑〕就在這後面「藏」字號裏。〔小生〕前後相近，倒好早晚談談。〔生〕我們還是軟監，敬老竟似重囚了。〔丑〕阿彌陀佛！免了上柙床，就算好的狠哩。〔作勢介〕

【意不盡】高拱手礙不了禮數周全，曲肱兒枕頭穩便。只愁今夜裏，少一個長爪麻姑搔背眠。

〔丑〕相逢真似島中仙，〔末〕隔絕風濤路八千；〔小生〕地僻偏宜人嘯傲，〔生〕天空不礙月團圓。

第三十四齣　截磯　　乙酉四月

〔淨扮蘇崑生上〕南北割成三足鼎，江湖挑動兩支兵。自家蘇崑生，為救侯公子，激的左兵東來，約了巡按黃澍，巡撫何騰蛟，同日起馬。今日船泊九江，早已知會督撫袁繼咸，齊集湖口，共商入京之計。誰知馬、阮聞信，調了黃得功在坂磯截殺。你看狼煙四起，勢頭不善；少爺左夢庚前去迎敵，俺且隨營打探。正是：地覆天翻日，龍爭虎鬬時。〔下〕〔場上設弩臺、架炮，鐵鎖闌江〕

【三臺令】〔末扮黃得功戎裝雙鞭，領軍卒上〕北征南戰無休，鄰國蕭牆盡讎。架炮指江州，打舳艫捲甲倒走。

咱家黃得功，表字虎山，一腔忠憤，蓋世威名，要與俺弘光皇帝，收復這萬里山河。可恨兩劉無肘臂之功，一左為腹心之患。今奉江防兵部尚書阮老爺兵牌，調俺駐扎坂磯，堵截左寇，這也不是當耍的。〔喚介〕家將田雄何在？〔副淨〕有。〔末〕速傳大小三軍，聽俺號令。〔軍卒排立吶喊介〕

【山坡羊】〔末〕硬邦邦敢要君的渠首，亂紛紛不服王的羣寇；軟弱弱沒氣色的至尊，鬧喧喧爭門戶的同朝友。只剩咱一營江上守，正防着戰馬北來驟，忽報樓船入浦口。貔貅，飛旌旗控上游；戈矛，傳烽煙截下流。

〔黃卒登臺介〕〔雜扮左兵白旗、白衣，吶喊駕船上〕〔黃卒截射介〕〔左兵敗回介〕〔黃卒趕下〕〔小生扮左良玉戎裝白盔素甲坐船上〕

【前腔】替奸臣復私讎的桀紂，媚昏君上排場的花丑；投北朝學叩馬的夷齊，吠唐堯聽使喚的三家狗。拚着俺萬年名遺臭，對先帝一片心堪剖，忙把儲君冤苦救。不羞，做英雄到盡頭；難收，烈轟轟東去舟。

俺左良玉領兵東下，只為剪除奸臣，救取太子。叵耐兒子左夢庚，借此題目，便要攻打城池，妄思進取。俺已嚴責再三，只怕亂兵引誘，將來做出事來；且待渡過坂磯，慢慢勸他。〔淨急上〕報元帥，不好了！黃得功截殺坂磯，前部先鋒俱已敗回了。〔小生驚介〕有這等事。黃得功也是一條忠義好漢，怎的受馬、阮指撥，只知擁戴新主，竟不念先帝六尺之孤，豈不可

恨！〔喚介〕左右，快看巡按黃老爺、巡撫何老爺船泊那邊，請來計議。〔雜應下〕〔末扮黃澍上〕將帥隨談塵，風雲指義旗。下官黃澍方纔泊船，恰好元帥來請。〔作上船介〕〔小生見介〕仲霖果然到來，巡撫何公如何不見？〔末〕行到半途，又回去了。〔小生〕為何回去？〔末〕他原是馬士英同鄉。〔小生〕隨他罷了。這也怪他不得。〔問介〕目下黃得功截住坂磯，三軍不能前進。如何是好？〔末〕這倒可慮，且待袁公到船，再作商量。〔外扮袁繼咸從人上〕孽子含冤天慘澹，孤臣舉義日光明。來此是左帥大船，左右通報。〔雜稟介〕督撫袁老爺到船了！〔小生〕快請！〔外上船見介〕適從武昌回署，整頓兵馬，願從鞭弭。〔末〕目下不能前進了。〔外〕為何？〔小生〕黃得功領兵截殺，先鋒俱已敗回。〔外〕事已至此，欲罷不能；快快遣人游說便了。〔小生〕敬亭已去，無人可遣。奈何？〔淨〕晚生與他頗有一面，情願効力。〔末〕崑生義氣，不亞敬亭，今日正好借重。〔小生問介〕你如何說他？

【五更轉】〔淨〕俺只說鷸蚌持，漁人候，傍觀將利收。英雄舉動，要看前和後。故主恩深，好爵自受。欺他子，害他妃，全忘舊。殺人只落血雙手，何必前來，同室爭鬬。

〔外〕說得有理。〔小生〕還要把俺心事，說個明白。叫他曉得奸臣當殺，太子當救，完了兩樁大事，於朝廷一塵不驚，於百姓秋毫無犯。為何不知大義，妄行截殺？〔末〕正是，那黃得功一介武夫，還知報効；俺們倒肯犯上作亂不成？叫他細想。〔淨〕是，是，俺就如此說去。〔雜扮報卒急上〕報元帥，九江城內，一片火起。袁老爺本標人馬，自破城池了。〔外驚介〕怎麼俺的本標人馬自破城池？這了不得！〔小生怒介〕豈有此理！不用猜疑，這是我兒左夢庚做出此事，陷我為反叛之臣。罷了，罷了！有何面目，再向江東。〔拔劍欲自刎介〕〔末抱住介〕〔小生握外手，注目介〕臨侯，臨侯，我負你了！〔作嘔血倒椅上介〕〔淨喚介〕元帥甦醒，元帥甦醒！〔外〕竟叫不應，這怎麼處？〔末〕想是中惡，快取辰砂灌下。〔淨取碗灌介〕牙關閉緊，灌不進了。〔衆哭介〕

【前腔】大將星，落如斗，旗桿摧舵樓。殺場百戰精神抖，凜凜堂堂，一身甲胄。平白的牖下亡，全身首。魂歸故宮煤山頭，同說艱辛，君啼臣吼。

〔雜抬小生下〕〔外〕元帥已死，本鎮人馬霎時潰散；那左夢庚據住九江，叫俺進退無門。倘若黃兵搶來，如何逃躲？〔末〕我們原係被逮之官，今又失陷城池，拿到京中，再無解救。不如轉回武昌，同着巡撫何騰蛟，另做事業去罷。〔外〕有理。〔外、末急下〕〔淨呆介〕你看他們竟自散去，單剩我蘇崑生一人，守着元帥屍首，好不可憐。不免點起香燭，哭奠一番。〔設案點香燭，哭拜介〕

【哭相思】氣死英雄人盡走，撇下了空船柩。俺是個招魂江邊友，沒處買一杯酒。

且待他兒子奔喪回船，收殮停當，俺纔好辭之而去，如今只得耐性兒守着。正是：

英雄不得過江州，魂戀春波起暮愁；滿眼青山無地葬，斜風細雨打船頭。

第三十五齣　誓師　乙酉四月

【賀聖朝】〔外扮史可法，白氈大帽，便服上〕兩年吹角列營，每日調馬催征。軍逃客散鬢星星，恨壓廣陵城。

下官史可法，日日經略中原，究竟一籌莫展。那黃、劉三鎮，皆聽馬、阮指使，移鎮上江，堵截左兵，丟下黃河一帶，千里空營。忽接塘報，本月二十一日北兵已入淮境，本標食糧之人，不足三千，那能抵當得住。這淮、揚一失，眼見京師難保，豈不完了明朝一座江山也。可惱，可惱！俺且私步城頭，察看情形，再作商量。〔丑扮家丁，提小燈隨行上城介〕

【二犯江兒水】〔外〕悄上城頭危徑，更深人睡醒。棲烏頻叫，擊柝連聲，女牆邊，側耳聽。〔聽介〕〔內作怨介〕北兵已到淮安，沒個瞎鬼兒問他一聲；只捨俺這幾個殘兵，死守這座揚州城，如何守得住。元帥好沒分曉也！〔外點頭自語介〕你那裏曉得，萬里倚長城，揚州父子兵。〔又聽介〕〔內作恨介〕罷了，罷了！元帥不疼我們，早早投了北朝，各人快活去，為何儘着等死。〔外驚介〕呵呀！竟想投降了，這怎麼處！他降字兒橫胸，守字兒難成；這揚州剩了一分景。〔又聽介〕〔內作怒介〕我們降不降，還是第二着，自家殺搶殺搶，跑他娘的。只顧守到幾時呀！〔外〕咳！竟不料情形如此。聽說猛驚，熱心冰冷。疾忙歸，夜點兵，不待明。

〔忙下〕〔內掌號放炮，作傳操介〕〔雜扮小卒四人上〕今乃四月二十四日，不是下操的日期；為何半夜三更，梅花嶺放炮？快去看來！〔急走介〕〔末扮中軍，持令箭提燈上〕隔江雲陣列，連夜羽書飛。〔呼介〕元帥有令：大小三軍，速赴梅花嶺，聽候點卯。〔衆排列介〕〔外戎裝，旗引登壇介〕月升鴟尾城吹角，星散旄頭帳點兵。中軍何在？〔末跪介〕有！〔外〕目

下北信緊急，淮城失守，這揚州乃江北要地，倘有疏虞，京師難保。快傳五營四哨，點齊人馬，各照汛地晝夜嚴防。敢有倡言惑衆者，軍法從事。〔末〕得令！〔傳令向內介〕元帥有令，三軍聽者。各照汛地晝夜嚴防，敢有倡言惑衆者，軍法從事。〔內不應〕〔外〕怎麼寂然無聲？〔吩咐中軍介〕再傳軍令，叫他高聲答應。〔末又高聲傳介〕〔內不應〕〔外〕仍然不應，着擊鼓傳令。〔末擊鼓又傳，又不應介〕〔外〕分明都有離叛之心了。〔頓足介〕不料天意人心，到如此田地。〔哭介〕

【前腔】皇天列聖，高高呼不省。闌珊殘局，剩俺支撑，奈人心俱瓦崩。俺史可法好苦命也！〔哭介〕協力少良朋，同心無弟兄。只靠你們三千子弟，誰料今日呵，都想逃生，漫不關情；這江山倒像設着筵席請。〔拍胸介〕史可法，史可法！平生枉讀詩書，空談忠孝，到今日其實沒法了。〔哭介〕哭聲祖宗，哭聲百姓。〔大哭介〕〔末勸介〕元帥保重，軍國事大，徒哭無益也。〔前扶介〕你看淚點淋漓，把戰袍都濕透了。〔驚介〕咦！怎麼一陣血腥，快掌燈來。〔雜點燈照介〕呵呀！渾身血點，是那裏來的？〔外拭目介〕都是俺眼中流出來。哭的俺一腔血，作淚零。

〔末叫介〕大小三軍，上前看來；咱們元帥哭出血淚來了。〔淨、副淨、丑扮衆將上，看介〕果然都是血淚。〔俱跪介〕〔淨〕嘗言「養軍千日，用軍一時」。俺們不替朝廷出力，竟是一夥禽獸了。〔副淨〕俺們貪生怕死，叫元帥如此難為，那皇天也不祐的。〔丑〕百歲無常，誰能免的一死，只要死到一個是處。罷，罷，罷！今日捨着狗命，要替元帥守住這座揚州城。〔末〕好好！誰敢再有二心，俺便拿送轅門，聽元帥千刀萬剮。〔外大笑介〕果然如此，本帥便要拜謝了。〔拜介〕〔衆扶住介〕不敢不敢！〔外〕衆位請起，聽俺號令。〔衆起介〕〔外吩咐介〕你們三千人馬，一千迎敵，一千內守，一千外巡。〔衆〕是！〔外〕上陣不利，守城。〔衆〕是！〔外〕守城不利，巷戰。〔衆〕是！〔外〕巷戰不利，短接。〔衆〕是！〔外〕短接不利，自盡。〔衆〕是！〔外〕你們知道，從來降將無伸膝之日，逃兵無回頸之時。〔指介〕那不良之念，再莫橫胸；無恥之言，再休掛口；纔才是俺史閣部結識的好漢哩。〔衆〕是！〔外〕既然應允，本帥也不消再囑。〔指介〕大家歡呼三聲，各回汛地去罷。〔衆吶喊三聲下〕〔外鼓掌三笑〕妙妙！守住這座揚州城，便是北門鎖鑰了。

不怕煙塵四面生，江頭尚有亞夫營；模糊老眼深更淚，賺出淮南十萬兵。

第三十六齣　逃難　乙酉五月

【香柳娘】〔小生扮弘光帝，便服騎馬。雜扮二監、二宮女挑燈引上〕聽三更漏催，聽三更漏催，馬蹄輕快，風吹蠟淚宮門外。咱家弘光皇帝，只因左兵東犯，移鎮堵截；誰知河北人馬，乘虛渡淮。目下圍住揚州，史可法連夜告急，人心皇皇，都無守志。那馬士英、阮大鋮躲的有影無蹤，看來這中興寶位也坐不穩了。千計萬計，走為上計；方纔騎馬出宮，即發兵符一道，賺開城門，但能走出南京，便有藏身之所了。趁天街寂靜，趁天街寂靜，飛下鳳凰臺，難撇鴛鴦債。〔喚介〕嬪妃們走動着，不要失散了。似明駝出塞，似明駝出塞，琵琶在懷，珍珠偷灑。

〔急下〕〔淨扮馬士英騎馬急上〕

【前腔】報長江鎖開，報長江鎖開，石頭將壞，高官賤賣沒人買。下官馬士英，五更進朝，纔知聖上潛逃；俺為臣的，也只得偷溜了。快微服早度，快微服早度，走出雞鵝街，提防讎人害。〔倒指介〕那一隊嬌嬈，十車細軟，便是俺的薄薄宦囊；不要叫讎家搶奪了去。〔喚介〕快些走動。〔老旦、小旦扮姬妾騎馬，雜扮夫役推車數輛上〕來了，來了。〔淨〕好，好！要隨身緊帶，要隨身緊帶，殉棺貨財，貼皮恩愛。

〔繞場行介〕〔雜扮亂民數人持棒上，喝介〕你是奸臣馬士英，弄的民窮財盡；今日馱着婦女，裝着財帛，要往那裡跑？早早留下！

〔打淨倒地，剝衣，搶婦女財帛下〕〔副淨扮阮大鋮，騎馬上〕

【前腔】戀防江美差，戀防江美差，殺來誰代，兵符擲向空江瀨。今日可用着俺的跑了；但不知貴陽相公，還是跑，還是降？〔作遇淨絆馬足介〕呵呀！你是貴陽老師相，為何臥倒在地？〔淨哼介〕跑不得了，家眷行囊，俱被亂民搶去，還把學生打倒在地。〔副淨〕正是。晚生的家眷行囊，都在後面，不要也被搶去。受千人笑罵，受千人笑罵，積得些金帛，娶了些嬌艾。待俺回去迎來。〔雜扮亂民持棒，擁婦女抬行囊上〕這是阮大鋮的家私，方纔搶來，大家分開罷！〔副淨喝介〕好大膽的奴才，怎敢搶截我阮老爺的家私！〔雜〕你就是阮大鋮麼？來的正好。〔一棒打倒，剝衣介〕饒他狗命，且到雞鵝巷、褲子襠，燒他房子去。〔俱下〕〔淨〕腰都打壞，爬不起來了。〔副淨〕晚生的臂膊捶傷，也奉陪在此。〔合〕歎十分狼狽，歎十分狼狽，村拳共捱，雞肋同壞。

〔末扮楊文驄冠帶騎馬，從人挑行李上〕下官楊文驄，新任蘇松巡撫。今日五月初十出行吉日，束裝起馬，一應書畫古玩，暫寄媚香樓，託了藍田叔隨後帶來。俺這一肩行李，倒也爽快。〔雜稟介〕請老爺趲行一步。〔末〕為何？〔雜〕街上紛紛

傳說，北信緊急，皇帝、宰相，今夜都走了。〔末〕有這等事，快快出城！〔急走介〕〔馬驚不前介〕這也奇了，為何馬驚
不走？〔喚介〕左右看來！〔雜看介〕地下兩個死人。〔副淨、淨呻吟介〕哎喲！哎喲！救人，救人！〔末〕還不曾死，看
是何人？〔雜細認介〕好像馬、阮二位老爺。〔末喝介〕胡說，那有此事！〔勒馬看，驚介〕呵呀！竟是他二位。〔下馬拉介〕
了不得，怎麼到這般田地？〔淨〕被些亂民搶劫一空，僅留性命。〔副淨〕我來救取，不料也遭此難。〔末〕護送的家丁都
在何處？〔淨〕想也乘機拐騙，四散逃走了。〔末喚介〕左右快來扶起，取出衣服，與二位老爺穿好。〔雜與副淨、淨穿衣介〕
〔末〕幸有閒馬一匹，二位疊騎，連忙出城罷。〔雜扶淨、副淨上馬，摟腰行介〕請了，無衣共凍真師友，有馬同騎好
弟兄。〔下〕〔雜〕老爺不可與他同行，怕遇着讎人，累及我們。〔末〕是，是。〔望介〕你看一夥亂民，遠遠趕來，
我們早些躲過。〔作避路旁介〕〔小旦扮寇白門，丑扮鄭妥娘，披髮走上〕

【前腔】正清歌滿臺，正清歌滿臺，水裙風帶，三更未歇輕盈態。〔見末介〕你是楊老爺，為何在此？〔末認介〕原來是寇白門、
鄭妥娘。你姊妹二人怎的出來了？〔小旦〕正在歌臺舞殿，忽然酒罷燈昏，內監宮妃紛紛亂跑；我們不出來還等什麼哩。〔末〕
為何不見李香君？〔丑〕俺三個一同出來的；他腳小走不動，僱了個轎子，抬他先走了。〔末問介〕果然朝廷出去了麼？〔小旦〕
沈公憲、張燕筑都在後邊，他們曉得真信。〔外扮沈公憲，破衣抱鼓板，淨扮張燕筑，科頭提紗帽鬚髯跑上〕笑臨春結綺，笑臨
春結綺，擒虎馬嘶來，排着管絃待。〔見末介〕久違楊老爺了。〔末問介〕為何這般慌張？〔外〕老爺還不知麼？北兵殺過江來，
皇帝夜間偷走了。〔末〕你們要向那裏去？〔淨〕各人回家瞧瞧，趁早逃生。〔丑〕俺們是不怕的；回到院中，預備接客。〔末〕
此等時候，還想接客。〔丑〕老爺不曉得，兵馬營裏，纔好掙錢哩。這笙歌另賣，這笙歌另賣，隋宮柳衰，吳宮花敗。
〔外、淨、小旦、丑俱下〕〔末〕他們親眼看見聖上出宮，這光景不妥了。快到媚香樓收拾行李，趁早還鄉罷。〔行介〕

【前腔】看逃亡滿街，看逃亡滿街，失迷君宰，百忙難出江關外。〔作到介〕這是李家院門。〔下馬急敲門介〕開門，開門！〔小
生扮藍瑛急上〕又是那個叫門？〔開門見介〕楊老爺為何轉來？〔末〕北信緊急，君臣逃散，那蘇松巡撫也做不成了。整琴書襆
被，整琴書襆被，換布襪青鞋，一隻扁舟載。〔小生〕原來如此。方纔香君回家，也說朝廷偷走。〔喚介〕香君快來。〔旦上見
介〕楊老爺萬福！〔末〕多日不見，今朝匆匆一敘，就要遠別了。〔旦〕要向那裏去？〔末〕竟回敝鄉貴陽去也。〔旦掩淚介〕
侯郎獄中未出，老爺又要還鄉；撇奴孤身，誰人照看。〔末〕如此大亂，父子亦不相顧的。這情形緊迫，這情形緊迫，各人自裁，
誰能攜帶。

〔淨扮蘇崑生急上〕將軍不惜命，皇帝已無家。我蘇崑生自湖廣回京，誰知遇此大亂，且到院中打聽侯公子資訊，再作商量。

【前腔】俺匆忙轉來，俺匆忙轉來，故人何在，旌旗滿眼乾坤改。來此已是，不免竟入。〔見介〕好呀！楊老爺在此，香君也出來了。
侯相公怎的不見？〔末〕侯兄不曾出獄來。〔旦〕師父從何處來的？〔淨〕俺為救侯郎，遠赴武昌，不料寧南暴卒。俺連夜回京，
忽聞亂信，急忙尋到獄門，只見封鎖俱開。衆囚徒四散，衆囚徒四散，三面網全開，誰將秀才害。〔旦哭介〕師父快快替俺尋來。
〔末指介〕望煙塵一派，望煙塵一派，抛妻棄孩，團圓難再。
〔末向旦介〕好好好！有你師父作伴，下官便要出京了。〔喚介〕藍田老收拾行李，同俺一路去罷。〔小生〕小弟家在杭州，
怎能陪你遠去。〔末〕既是這等，待俺換上行衣，就此作別便了。〔換衣作別介〕萬里如魂返，三年似夢遊。〔作騎馬，雜
挑行李隨下〕〔旦哭介〕楊老爺竟自去了，只有師父知俺心事。前日累你千山萬水，尋到侯郎；不想奴家進宮，侯郎入獄，
兩不見面。今日奴家離宮，侯郎出獄，又不見面；還求師父可憐，領着奴家各處找尋則個。〔淨〕侯郎不到院中，自然出城去了。
那裏找尋？〔旦〕定要找尋的。

【前腔】〔旦〕便天涯海崖，便天涯海崖，十洲方外，鐵鞋踏破三千界。只要尋着侯郎，俺纔住腳也。〔小生〕西北一帶俱是兵馬，
料他不能渡江；若要找尋，除非東南山路。〔旦〕就去何妨。望荒山野道，望荒山野道，仙境似天台，三生舊緣在。〔淨〕你既
一心要尋侯郎，我老漢也要避亂，索性領你前往，只不知路向那走？〔小生指介〕那城東棲霞山中，人跡罕到；大錦衣張瑤星先
生，棄職修仙，俺正要拜訪為師。何不作伴同行，或者姻緣湊巧，亦未可知。〔淨〕妙，妙，大家收拾包裹，一齊出城便了。〔各
背包裹行介〕〔旦〕捨煙花舊寨，捨煙花舊寨，情根愛胎，何時消敗。

〔淨〕前面是城門了，怕有人盤詰。〔小生〕快快趁空走出去罷。〔旦〕奴家腳痛，也說不得了。
〔旦〕行路難時淚滿腮，〔淨〕飄蓬斷梗出城來；〔小生〕桃源洞裏無征戰，〔旦〕可有蓮華並蒂開。

第三十七齣　劫寶

乙酉五月

【西地錦】〔末扮黃得功戎裝，副淨扮田雄隨上〕目斷長江奔放，英雄萬里愁長，何時歡飲中軍帳，把弓矢付兒郎。

俺黃得功坂磯一戰，嚇的左良玉膽喪身亡。剩他兒子左夢庚，據住九江，烏合未散，俺且駐扎蕪湖，防其北犯。〔雜扮報卒上〕報報報！北兵連夜渡淮，圍住揚州，南京震恐，萬姓奔逃了。〔末〕那鳳、淮兩鎮，現在江北，怎不迎敵？〔雜〕聞得兩位劉將軍，也到上江堵截左兵，鳳、淮一帶，千里空營。〔末驚介〕這怎麼處！〔喚介〕田雄，你是俺心腹之將，快領人馬，去保南京。

【降黃龍】司馬威權，夜發兵符，調鎮移防。誰知他拆東補西，露肘捉襟，明棄淮揚金湯。九曲天險，只用蓮舟蕩漾。起煙塵，金陵氣暗，怎救宮牆。

〔下〕〔小生扮弘光帝騎馬，丑扮太監韓贊周隨上〕

【前腔】〔小生〕堪傷，寂寞魚龍，潛泣江頭，乞食村莊。寡人逃出南京，晝夜奔走，宮監嬪妃，漸漸失散，只有太監韓贊周，跟俺前來。這炎天赤日，瘦馬獨行，何處納涼。昨日尋着魏國公徐宏基，他佯為不識，逐俺出府。今日又早來到蕪湖。〔指介〕那前面軍營，乃黃得功駐防之所，不知他肯容留寡人否。奔忙，寄人廊廡，只望他容留收養。〔作下馬介〕〔喚介〕韓贊周，快快傳他知道。〔丑叫門介〕門上有人麼？〔雜扮軍卒上〕是那裡來的？〔丑〕南京來的。〔拉一邊悄說介〕萬歲爺駕到了，傳你將軍速出迎接。〔雜〕啐！萬歲爺怎能到的這裡？不要走來嚇俺罷。〔小生〕你喚出黃得功來，便知真假。江浦邊，迎鑾護駕，舊將中郎。

〔雜咬指介〕人物不同，口氣又大，是不是替他傳一聲。〔忙入傳介〕〔末慌上〕那有這事，待俺認來。〔見介〕〔小生〕黃將軍一向好麼？〔末認，忙跪介〕萬歲，萬萬歲！請入帳中，容臣朝見。〔丑扶小生升帳坐〕〔末拜介〕

【滾遍】戎衣拜吾皇，戎衣拜吾皇，又把天顏仰。為甚私巡，蕭條鞍馬蒙塵狀，失水神龍，風雲飄蕩。這都是臣等之罪。負國恩，一班相，一班將。

〔小生〕事到今日，後悔無及，只望你保護朕躬。〔末拍地哭奏介〕皇上深居宮中，臣好戮力効命。今日下殿而走，大權已失；叫臣進不能戰，退無可守，十分事業，已去九分矣。〔小生〕不必着急，寡人只要苟全性命，那皇帝一席，也不願再做了。〔末〕呵呀！天下者祖宗之天下，聖上如何棄的。〔小生〕棄與不棄，只在將軍了。〔末〕微臣鞠躬盡瘁，死而後已。〔小生掩淚介〕不料將軍倒是一個忠臣。〔末跪奏介〕聖上鞍馬勞頓，早到後帳安歇。軍國大事，明日請旨罷。〔丑引小生入介〕〔末〕了不得，了不得！明朝三百年國運，爭此一時，十五省皇圖，歸此片土。這是天大的干係，叫俺如何擔承！〔吩咐介〕大小三軍，馬休解轡，人休解甲，搖鈴擊梆，在意小心着。〔衆應介〕〔末喚介〕田雄，我與你是宿衛之官，就在這行宮門外，同臥支更罷。〔末枕副淨股，執雙鞭臥介〕〔雜搖鈴擊梆，報更介〕〔副淨悄語介〕元帥，俺看這位皇帝不像享福之器，況北兵過江，人人投順，元帥也要看風行船纔好。〔末〕說那裡話，常言「孝當竭力，忠則盡命」，為人臣子，豈可懷揣二心。〔內傳鼓介〕

〔末驚介〕為何傳鼓？〔俱起坐介〕〔雜上報介〕報元帥，有一隊人馬，從東北下來；說是兩鎮劉老爺，要會元帥商議軍情。

〔末起介〕好好好！三鎮會齊，可以保駕無虞了，待俺看來。〔望介〕〔淨扮劉良佐，丑扮劉澤清，騎馬領衆上〕〔叫介〕黃大哥在那裡？〔末喜介〕果然是他二人。〔應介〕愚兄在此拱候多時了。〔淨、丑下馬介〕〔淨〕哥哥得了寶貝，竟瞞着兩個兄弟麼。〔末〕什麼寶貝？〔丑〕弘光呀！〔末搖手介〕不要高聲，聖上安歇了。〔淨悄問介〕今日還不獻寶，等到幾時哩？〔末〕什麼寶？〔丑〕把弘光送與北朝，賞咱們個大大王爵，豈不是獻寶麼？〔末喝介〕哇！你們兩個要來幹這勾當，我黃闖子怎麼容得。〔持雙鞭打介〕〔淨、丑招架介〕〔末喊介〕好反賊，好反賊！

【前腔】望風便生降，望風便生降，好似波斯樣。職貢朝天，思將奇貨擎雙掌；倒戈劫君，爭功邀賞。頓喪心，全反面，真賊黨。

〔淨〕不要破口，好好弟兄，為何廝鬧。〔末〕啐！你這狗才，連君父不識，我和你認什麼弟兄。〔又戰介〕〔副淨在後指介〕好個笨牛，到這時候還不見機。〔拉弓搭箭介〕俺田雄替你解圍罷。〔放箭射末腿，末倒地介〕〔淨、丑大笑介〕〔副淨入內，急背出小生介〕〔小生叫介〕韓贊周快快跟來。〔內不應介〕〔小生〕這奴才竟捨我而去。〔手打副淨臉介〕你背俺到何處去？

〔副淨〕到北京去。〔小生狠咬副淨肩介〕〔副淨忍痛介〕哎呀！咬殺我也。〔丟小生於地，向淨、丑拱介〕皇帝一枚奉送。

〔淨、丑拱介〕領謝，領謝！〔齊拉小生袖急走介〕〔末抱住小生腿叫介〕田雄，田雄！快來奪駕。〔副淨佯拉，放手介〕〔淨、丑竟拉小生下〕〔末作爬不起介〕怎麼起不來的？〔副淨〕元帥中箭了。〔末〕那個射俺的？〔副淨〕是我們放箭射賊，誤傷了元帥。〔末〕瞎眼的狗才。我且問你，為何背出聖駕來？〔副淨〕俺要護駕逃走的，不料被他們搶去。〔末〕你與我快快趕上。〔副淨笑介〕不勞元帥吩咐。俺是一名長解子，收拾包裹，自然護送到京的。〔背包裹雨傘急趕下〕〔末怒介〕呵呸！

這夥沒良心的反賊，俺也不及殺你了。〔哭介〕蒼天，蒼天！怎知明朝天下，送在俺黃得功之手。

【尾聲】平生驍勇無人當，拉不住黃袍北上，笑斷江東父老腸。

罷罷罷！除卻一死，無可報國。〔拔劍大叫介〕大小三軍，都來看斷頭將軍呀。〔一劍刎死介〕

第三十八齣　沉江　乙酉五月

【錦纏道】〔外扮史可法，氈笠急上〕〔回頭望介〕望烽煙，殺氣重，揚州沸喧；生靈盡席捲，這屠戮皆因我愚忠不轉。兵和將，力竭氣喘，只落了一堆屍軟。俺史可法率三千子弟，死守揚州，那知力盡糧絕，外援不至。北兵今夜攻破北城，俺已滿拚自盡。忽然想起明朝三百年社稷，只靠俺一身撐持，豈可效無益之死，捨孤立之君。故此縋下南城，直奔儀真，幸遇一隻報船，渡過江來。〔指介〕那城闕隱隱，便是南京了；可恨老腿酸軟，不能走動，如何是好。〔驚介〕呀！何處走來這匹白騾，待俺騎上，沿江跑去便了。〔騎騾，折柳作鞭介〕跨上白騾韉，空江野路，哭聲動九原。日近長安遠，加鞭，雲裏指宮殿。

〔副末扮老贊禮背包裹跑上〕殘年還避亂，落日更思家。〔外撞倒副末介〕〔副末〕呵喲喲！幾乎滾下江去。〔看外介〕你這位老將爺好沒眼色！〔外下騾扶起介〕得罪，得罪！俺且問你，從那裏來的？〔副末〕南京來的。〔外〕南京光景如何？〔副末〕你還不知麼，皇帝老子逃去兩三日了。目下北兵過江，滿城大亂，城門都關的。〔外驚介〕呵呀，這等去也無益矣！〔大哭介〕皇天后土，二祖列宗，怎的半壁江山也不能保住呀。〔副末驚介〕聽他哭聲，倒像是史閣部。〔問介〕你是史老爺麼？〔外〕下官便是。你如何認得？〔副末〕小人是太常寺一個老贊禮，曾在太平門外伺候過老爺的。〔外認介〕是呀！那日慟哭先帝，便是老兄了。〔副末〕不敢。請問老爺，為何這般狼狽！〔外〕今夜揚州失陷，纔從城頭縋下來的。〔副末〕要向那裏去？〔外〕原要南京保駕，不想聖上也走了。〔頓足哭介〕

【普天樂】撇下俺斷篷船，丟下俺無家犬；叫天呼地千百徧，歸無路，進又難前。〔登高望介〕那滾滾雪浪拍天，流不盡湘纍怨。〔指介〕有了，有了！那便是俺葬身之地。勝黃土，一丈江魚腹寬展。〔看身介〕俺史可法亡國罪臣，那容的冠裳而去。〔摘帽，脫袍、靴介〕摘脫下袍靴冠冕。〔副末〕我看老爺竟像要尋死的模樣。〔拉住介〕老爺三思，不可短見呀！〔外〕你看茫茫世界，留着俺史可法何處安放。累死英雄，到此日看江山換主，無可留戀。

〔跳入江翻滾下介〕〔副末呆望良久，抱靴、帽、袍服哭叫介〕史老爺呀，史老爺呀！好一個盡節忠臣，若不遇着小人，誰知你投江而死呀！〔大哭介〕〔丑扮柳敬亭，攜生忙上〕偷生辭獄吏，避亂走天涯。〔末扮陳貞慧，小生扮吳應箕，攜手忙上〕日日爭門戶，今年傍那家。〔生呼介〕定兄，次兄，日色將晚，快些走動。〔末、小生〕來了。〔丑〕我們出獄，不覺數日，東藏西躲，終無棲身之地。前面是龍潭江岸，大家商量，分路逃生罷！〔末〕是，是。〔見副末介〕你這位老兄，為何在此慟哭？〔副末〕俺也是走路的，適纔撞見史閣部老爺投江而死，由不的傷心哭他幾聲。〔生〕史閣部怎得到此？〔副末〕今夜揚州城陷，逃到此間，聞的皇帝已走，跺了跺腳，跳下江去了。〔生〕那有此事？〔副末指介〕這不是脫下的衣服、靴、帽麼！〔丑看介〕你看衣裳裏面，渾身硃印。〔生〕待俺認來。〔讀介〕「欽命總督江北等處兵馬內閣大學士兼兵部尚書印」。〔生驚哭介〕果然是史老先生。〔末〕設上衣冠，大家哭拜一番。〔副末設衣冠介〕〔衆拜哭介〕

【古輪臺】〔合〕走江邊，滿腔憤恨向誰言。老淚風吹面，孤城一片，望救目穿。使盡殘兵血戰，跳出重圍，故國苦戀，誰知歌罷剩空筵。長江一線，吳頭楚尾路三千，盡歸別姓。雨翻雲變，寒濤東捲，萬事付空煙。精魂顯，大招聲逐海天遠。

〔生拍衣冠大哭介〕〔丑〕閣部盡節，成了一代忠臣。相公不必過哀，大家分手罷！〔生指介〕你看一望煙塵，叫小生從那裡歸去？〔末〕我兩人遠道前來，只為送兄過江；今既不能北上，何不隨俺南行。〔生〕這紛紛亂世，怎能終始相依。倒是各人自便罷！〔小生〕侯兄主意若何？〔生〕我和敬亭商議，要尋一深山古寺，暫避數日，再圖歸計。〔副末〕我老漢正要向棲霞山去，那邊地方幽僻，儘可避兵。何不同往？〔生〕這等極妙了。〔末、小生〕侯兄既有棲身之所，我們就此作別罷！〔拜別介〕傷心當此日，會面是何年。〔末、小生掩淚下〕〔生問副末介〕你到棲霞山中，有何公幹？〔副末〕不瞞相公說，俺是太常寺一個老贊禮，只因太平門外哭莫先帝之日，那些文武百官，虛應故事；我老漢動了一番氣惱，當時約些村中父老，捐施錢糧，趁着這七月十五日，要替崇禎皇帝建一個水陸道場。不料南京大亂，好事難行，因此攜着錢糧，要到棲霞山上，虔請高僧，了此心願。〔丑〕好事，好事！〔生〕就求攜帶同行便了！〔副末〕待我收拾起這衣服、靴、帽着。〔丑〕這衣服、靴、帽，你要送到何處去？〔副末〕我想揚州梅花嶺，是他老人家點兵之所，待大兵退後，俺去招魂埋葬，便有史閣部千秋佳城了。〔生〕如此義舉，更為難得。〔副末背袍、靴等，生、丑隨行介〕

【餘文】山雲變，江岸遷，一霎時忠魂不見，寒食何人知墓田。

〔副末〕千古南朝作話傳，〔丑〕傷心血淚灑山川；〔生〕仰天讀罷招魂賦，〔副末〕揚子江頭亂暝煙。

第三十九齣　棲真

乙酉六月

【醉扶歸】〔淨扮蘇崑生同旦上〕〔旦〕一絲幽恨嵌心縫，山高水遠會相逢；拿住情根死不鬆，賺他也做遊仙夢。看這萬疊雲白罩青松，原是俺天台洞。

〔喚介〕師父，我們幸虧藍田叔，領到棲霞山來。無意之中，敲門尋宿，偏撞着卞玉京做了這葆真庵主，留俺暫住，這也是天緣奇遇。只是侯郎不見，妾身無歸，還求師父上心尋覓。〔淨〕不要性急。你看煙塵滿地，何處尋覓；且待庵主出來，商量個常住之法。〔老旦扮卞玉京道妝上〕

【皂羅袍】何處瑤天笙弄，聽雲鶴縹緲，玉珮丁冬。花月姻緣半生空，幾乎又把桃花種。〔見介〕草庵淡薄，屈尊二位了。〔旦〕多謝收留，感激不盡。〔淨〕正有一言奉告，江北兵荒馬亂，急切不敢前行；我老漢的吹歌，山中又無用處，連日攪擾，甚覺不安。〔老旦〕說那裡話。舊人重到，蓬山路通；前緣不斷，巫峽恨濃，連床且話襄王夢。

〔淨〕我蘇崑生有個活計在此。〔換鞋、笠，取斧、擔、繩索介〕趁這天晴，俺要到嶺頭澗底，取些松柴，供早晚炊飯之用。不強如坐吃山空麽？〔老旦〕這倒不敢動勞。〔淨〕大家度日，怎好偷閒。〔挑擔介〕脚下山雲冷，肩頭野草香。〔下〕

〔老旦閉門介〕〔旦〕奴家閑坐無聊，何不尋些舊衣殘裳，付俺縫補，以消長夏。〔老旦〕正有一事借重。這中元節，村中男女，許到白雲庵與皇后周娘娘懸掛寶旛；就求妙手，替他成造，也是十分功德哩。〔旦〕這樣好事，情願助力。〔老旦取出旛料介〕

〔旦〕待奴薰香洗手，虔誠縫製起來。〔作洗手縫旛介〕

【好姐姐】念奴前身業重，綁十指箏絃簫孔；慵線懶針，幾曾解女紅。〔老旦〕香姐心靈手巧，一撚針線，就是不同的。〔旦〕奴家那曉針線，憑着一點虔心罷了。仙旛捧，懺悔儘教指頭腫，繡出鴛鴦別樣工。

〔共繡介〕〔副末扮老贊禮，丑扮柳敬亭，背行李領生上〕

【皂羅袍】〔生〕避了干戈橫縱，聽颼颼一路，澗水松風。雲鎖棲霞兩三峰，江深五月寒風送。〔副末〕這是棲霞山了。你們尋所道院，

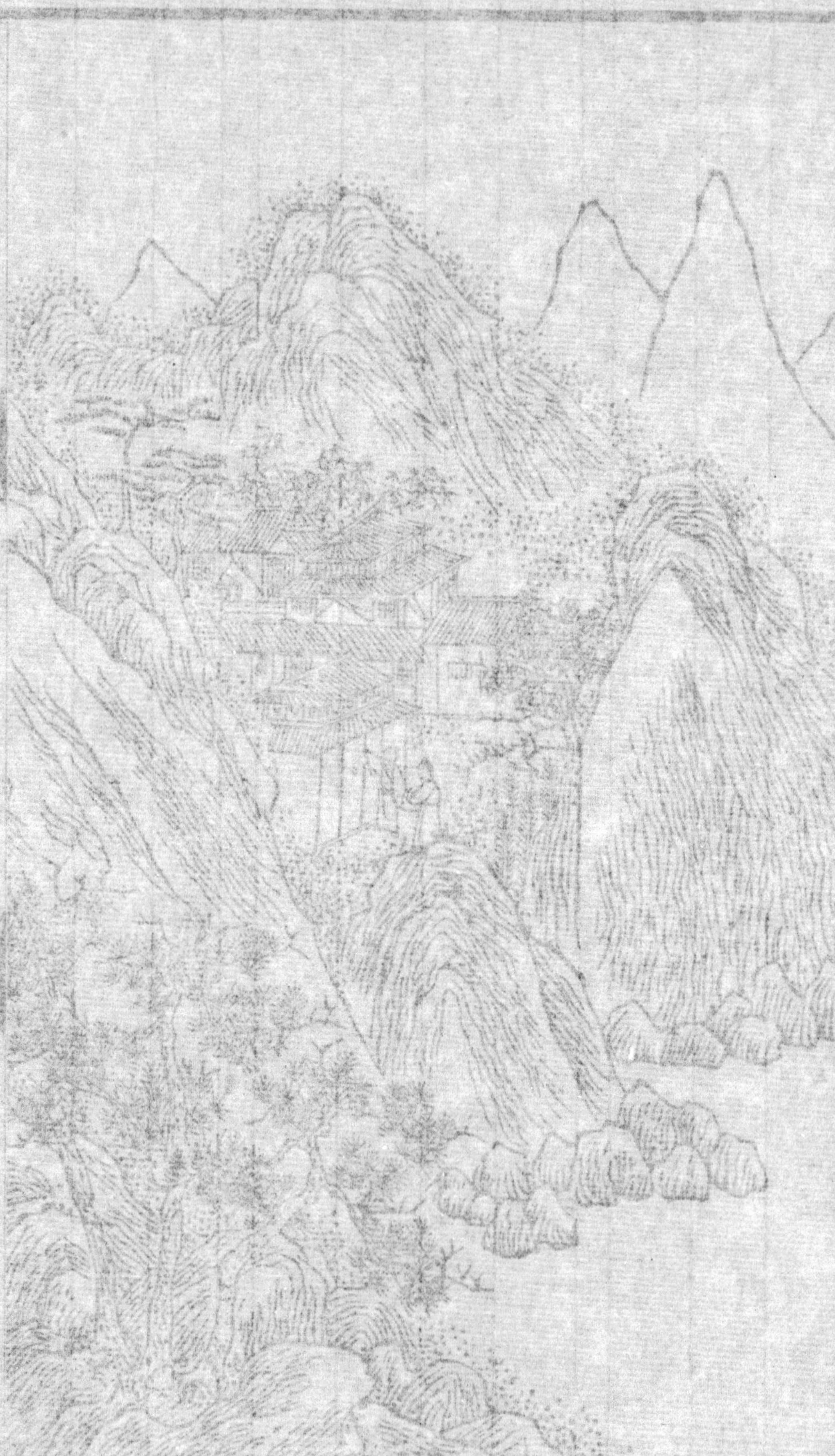

趁早安歇罷。〔生看介〕這是一座葆真庵，何不敲門一問。石牆蘿戶，忙尋煉翁，鹿柴鶴徑，急呼道童，仙家那曉浮生慟。

〔副末敲門介〕〔老旦起問介〕那個敲門？〔副末〕俺是南京來的，要借貴庵暫安行李。〔老旦〕這裡是女道住持，從不留客的。

【好姐姐】你看石牆四聳，晝掩了重門無縫，修真女冠，怕遭俗客閧。〔丑〕我們不比游方僧道，暫住何妨。〔老旦〕真經諷，謹把祖師清規奉，處女閨閣一樣同。

〔旦〕說的有理，比不得在青樓之日了。〔老旦〕這是俺修行本等，不必睬他，且去香廚用齋罷。〔同下〕〔副末又敲門介〕〔生〕他既謹守清規，我們也不必苦纏了。〔副末〕前面庵觀尚多，待我再去訪問。〔行介〕〔副淨扮丁繼之道裝，提藥籃上〕

【皂羅袍】採藥深山古洞，任芒鞋竹杖，踏徧芳叢。落照蒼涼樹玲瓏，林中筍蕨充清供。〔副末喜介〕那邊一位道人來了，待我上前問他。〔拱介〕老仙長，我們上山來做好事的，要借道院暫安行李，敢求方便一二！〔副淨認介〕這位相公，好像河南侯公子。

〔丑〕不是侯公子是那個？〔副淨又認介〕老兄你可是柳敬亭麽？〔丑〕便是。〔生認介〕呵呀！丁繼老，你為何出了家也？〔副淨〕侯相公，你不知麽？俺善才遲暮，羞人舊宮；龜年疏懶，難隨妙工；辭家竟把仙籙誦。

〔生〕原來因此出家。〔丑〕請問住持何山？〔副淨〕前面不遠，有一座采真觀，便是俺修煉之所。不嫌荒僻，就請暫住何如？

〔生〕甚好。〔副末〕二位遇着故人，已有棲身之地。俺要上白雲庵，商量醮事去了。〔生〕多謝攜帶。〔副末〕彼此。

〔別介〕人間消業海，天上禮仙壇。〔下〕〔副淨攜生、丑行介〕跨過白泉，又登紫閣；雪洞風來，雲堂雨落。〔生驚介〕前面一道溪水，隔斷南山，如何過去？〔副淨〕不妨。靠岸有隻漁船，俺且坐船閒話，等個漁翁到來，央他撐去；不上半里，便是采真觀了。〔同上船坐介〕〔丑〕我老柳少時在泰州北灣，專以捕魚為業；這漁船是弄慣了的，待我撐去罷。〔生〕妙，妙！〔丑撐船介〕〔生問副淨介〕自從梳櫳香君，借重光陪，不覺別來便是三載。〔副淨〕正是。且問香君入宮之後，可有消息麽？〔生〕那得消息來。〔取扇指介〕這柄桃花扇，還是我們訂盟之物，小生時刻在手。

【好姐姐】把他桃花扇擁，又想起青樓舊夢；天老地荒，此情無盡窮。分飛猛，杳杳萬山隔鸞鳳，美滿良緣半月同。

〔丑〕前日皇帝私走，嬪妃逃散，料想香君也出宮門；且待南京平定，再去尋訪罷。〔生〕只怕兵馬趕散，未必重逢了。〔掩淚介〕

〔副淨指介〕那一帶竹籬，便是俺的采真觀，就請攏船上岸罷。〔丑挽船，同上岸介〕〔副淨喚介〕道僮，有遠客到門，快搬行李。〔內應介〕〔副淨〕請進。〔讓入介〕

〔生〕門裏丹臺更不同，〔副淨〕寂寥松下養衰翁；〔丑〕一灣溪水舟千轉，〔生〕跳入蓬壺似夢中。

第四十齣　入道　乙酉七月

【南點絳唇】〔外扮張薇瓢冠衲衣，持拂上〕世態紛紜，半生塵裏朱顏老；拂衣不早，看罷傀儡鬧。慟哭窮途，又發閧堂笑。都休了，玉壺瓊島，萬古愁人少。

貧道張瑤星，掛冠歸山，便住這白雲庵裡。修仙有分，涉世無緣。且喜書客蔡益所隨俺出家，又載來五車經史。那山人藍田叔也來皈依，替我畫了四壁蓬瀛。這荒山之上，既可讀書，又可卧遊，從此飛升尸解，亦不算懵懂神仙矣。只有崇禎先帝，深恩未報，還是平生一件缺事。今乃乙酉年七月十五日，廣延道衆，大建經壇，要與先帝修齋追薦；恰好南京一個老贊禮，約些村中父老，也來搭醮。不免喚出弟子，趁早鋪設。〔喚介〕徒弟何在？〔丑扮蔡益所，小生扮藍田叔道裝上〕塵中辭俗客，雲裡會仙官。〔見介〕弟子蔡益所、藍田叔，稽首了。〔拜介〕〔外〕爾等率領道衆，照依黃籙科儀，早鋪壇場；待俺沐浴更衣，虔心拜請。正是：清齋朝帝座，直道在人心。〔下〕〔丑、小生鋪設三壇，供香花茶果，立旛掛榜介〕

【北醉花陰】高築仙壇海日曉，諸天羣靈俱到，列星衆宿來朝。旛影飄颻，七月中元建醮。

〔丑〕經壇齋供，俱已鋪設整齊了。〔小生指介〕你看山下父老，捧酒頂香，紛紛來也。〔副末扮老贊禮，領村民男女，頂香捧酒，挑紙錢、錠錁、繡旛上〕

【南畫眉序】攜村醪，紫降黃檀繡帕包。〔指介〕望虛無玉殿，帝座非遙；問誰是皇子王孫，撇下俺村翁鄉老。〔掩淚介〕萬山深處中元節，擎着紙錢來弔。

〔見介〕衆位道長，我們社友俱已齊集了，就請法師老爺出來巡壇罷。〔丑、小生向內介〕鋪設已畢，請法師更衣巡壇，行灑掃之儀。〔內三鼓介〕〔雜扮四道士奏仙樂，丑、小生換法衣捧香爐，外金道冠、法衣，擎淨盞，執松枝，巡壇灑掃介〕

【北喜遷鶯】〔合〕淨手灑松梢，清涼露千滴萬點拋；三轉九回壇邊繞，浮塵熱惱全澆。香燒，雲蓋飄，玉座層層百尺高。鸞雲璈，建極寶殿，改作團瓢。

〔外下〕〔丑、小生向內介〕灑掃已畢，請法師更衣拜壇，行朝請大禮。〔丑、小生設牌位：正壇設故明思宗烈皇帝之位；左壇設故明甲申殉難文臣之位；右壇設故明甲申殉難武臣之位〕〔內奏細樂介〕〔外九梁朝冠、鶴補朝服、金帶、朝鞋、牙笏上〕〔跪祝介〕伏以星斗增輝，快睹蓬萊之現；風雷布令，遙瞻閶闔之開。恭請故明思宗烈皇帝九天法駕，及甲申殉難文臣，東閣大學士范景文，戶部尚書倪元璐，刑部侍郎孟兆祥，協理京營兵部侍郎王家彥，左都御史李邦華，右副都御史施邦耀，大理寺卿淩義渠，太常寺少卿吳麟徵，太僕寺丞申佳胤，詹事府庶子周鳳翔，諭德馬世奇，中允劉理順，翰林院檢討汪偉，兵科都給事中吳甘來，巡視京營御史王章，河南道御史陳良謨，提學御史陳純德，兵部郎中成德，吏部員外郎許直，兵部主事金鉉；武臣新樂侯劉文炳，襄城伯李國禎，駙馬都尉鞏永固，協理京營內監王承恩等。伏願彩仗隨車，素旗擁駕；君臣穆穆，指青鳥以來臨；文武皇皇，乘白雲而至止。共聽靈籟，同飲仙漿。〔內奏樂，外三獻酒，四拜介〕〔副末、村民隨拜介〕

【南畫眉序】〔外〕列仙曹，叩請烈皇下碧霄；捨煤山古樹，解卻宮縧。且享這椒酒松香，莫恨那流賊闖盜。古來誰保千年業，精靈永留山廟。

〔外下〕〔丑、小生左右獻酒，拜介〕〔副末、村民隨拜介〕

【北出隊子】〔丑、小生〕虔誠祝禱，甲申殉節羣僚。絕粒刎頸恨難消，墜井投繯志不撓，此日君臣同醉飽。

〔丑、小生〕奠酒化財，送神歸天。〔衆燒紙牌錢錁，奠酒舉哀介〕〔副末〕今日纔哭了個盡情。〔衆〕我們願心已了，大家吃齋去。〔暫下〕〔丑、小生向內介〕朝請已畢，請法師更衣登壇，做施食功德。〔設焰口，結高壇介〕〔內作細樂介〕〔外更華陽巾、鶴氅，執拂子上，拜壇畢，登壇介〕〔丑、小生侍立介〕〔外拍案介〕竊惟浩浩沙場，舉目見空中之樓閣；茫茫苦海，回頭登岸上之瀛州。念爾無數國殤，有名敵愾，或戰畿輔，或戰中州，或戰湖南，或戰陝右；死於水，死於火，死於刃，死於鏃，死於跌撲踏踐，死於癘疫饑寒。咸望滾榛莽之髑髏，飛風煙之燐火，遠投法座，遙赴寶山。吸一滴之甘泉，津含萬劫；吞盈掬之玉粒，腹果千春。〔撒米、澆漿、焚紙，鬼搶介〕

【南滴溜子】沙場裏，沙場裏，屍橫蔓草；殷血腥，殷血腥，白骨漸槁。可憐風旋雨嘯，望故鄉無人拜掃；餓魄饞魂，來飽這遭。

〔丑、小生〕施食已畢，請法師普放神光，洞照三界，將君臣位業，指示羣迷。〔外〕這甲申殉難君臣，久已超升天界了。〔丑、

小生〕還有今年北去君臣，未知如何結果？懇求指示。〔外〕你們兩廊道衆，齋心肅立；待我焚香打坐，閉目靜觀。〔丑、小生執香，低頭侍立介〕〔外閉目良久介〕〔醒向衆介〕那北去弘光皇帝，及劉良佐、劉澤清、田雄等，陽數未終，皆無顯驗。

〔丑、小生前稟介〕還有史閣部、左寧南、黃靖南，這三位死難之臣，未知如何報應？〔外〕待我看來。〔閉目介〕〔雜白鬚、幞頭、朱袍，黃紗蒙面，幢旛細樂引上〕吾乃督師內閣大學士兵部尚書史可法。今奉上帝之命，冊為太清宮紫虛真人，走馬到任去也。〔騎馬下〕〔雜銀盔甲、紅紗蒙面，旗幟鼓吹引上〕俺乃寧南侯左良玉。今奉上帝之命，封為飛天使者，走馬到任去也。〔騎馬下〕〔雜金盔甲、黑紗蒙面，旗幟鼓吹引上〕俺乃靖南侯黃得功。今奉上帝之命，封為游天使者，走馬到任去也。〔騎馬下〕〔外開目介〕善哉，善哉！方纔夢見閣部史道鄰先生，冊為太清宮紫虛真人；寧南侯左崑山、靖南侯黃虎山，封為飛天、游天二使者。一個個走馬到任，好榮耀也。

【北刮地風】則見他雲中天馬驕，纔認得一路英豪。咭叮噹奏着鈞天樂，又擺些羽葆干旄。將軍刀，丞相袍，掛符牌都是九天名號。好尊榮，好逍遙，只有皇天不昧功勞。

〔丑、小生拱手介〕南無天尊，南無天尊！果然善有善報，天理昭彰。〔前稟介〕還有奸臣馬士英、阮大鋮，這兩個如何報應？〔外〕待俺看來。〔閉目介〕〔淨散髮披衣跑上〕〔雜扮霹靂雷神，趕淨繞場介〕〔淨抱頭跪介〕饒命，饒命！〔雜劈死淨，剝衣去介〕〔副淨冠帶上〕好了，好了！我阮大鋮走過這仙霞嶺，便算第一功了。〔登高介〕〔雜扮山神、夜叉，刺副淨下，跌死介〕〔外開目介〕苦哉，苦哉！方纔夢見馬士英被雷擊死台州山中，阮大鋮跌死仙霞嶺上。一個個皮開腦裂，好苦惱也。

【南滴滴金】明明業鏡忽來照，天網恢恢飛不了。抱頭顱由你千山跑，快雷車偏會找，鋼叉又到。問年來吃人多少腦，這頂漿兩包，不夠犬饕。

〔丑、小生拱手介〕南無天尊，南無天尊！果然惡有惡報，天理昭彰。〔前稟介〕這兩廊道衆，不曾聽得明白，還求法師高聲宣揚一番。〔外舉拂高唱介〕〔副末、衆村民執香上，立聽介〕

【北四門子】〔外〕衆愚民暗室虧心少，到頭來幾曾饒，微功德也有吉祥報，大巡環睜眼瞧。前一番，後一遭，正人邪黨，南朝接北朝。

福有因，禍怎逃，只爭些來遲到早。

〔副末、衆叩頭下〕〔老旦扮卞玉京，領旦上〕天上人間，為善最樂。方纔同些女道，在周皇后壇前掛了寶旛，再到講堂參見法師。〔旦〕奴家也好閒遊麼？〔老旦指介〕你看兩廊道俗，不計其數，瞧瞧何妨。〔老旦拜壇介〕弟子卞玉京稽首了！〔起同旦一邊立介〕〔副淨扮丁繼之上〕人身難得，大道難聞。〔拜壇介〕弟子丁繼之稽首了。〔起喚介〕侯相公，這是講堂，過來隨喜。〔生急上〕來了！久厭塵中多苦趣，纔知世外有仙緣。〔同立一邊介〕〔外拍案介〕你們兩廊善衆，要把塵心拋盡，纔求得向上機緣；若帶一點俗情，免不了輪迴千遍。〔生遮扇看旦，驚介〕那邊站的是俺香君，如何來到此處？〔急上前拉介〕〔旦驚見介〕你是侯郎，想殺奴也。

【南鮑老催】想當日猛然捨拋，銀河渺渺誰架橋，牆高更比天際高。書難捎，夢空勞，情無了，出來路兒越迢遙。〔生指扇介〕

看這扇上桃花，叫小生如何報你。看鮮血滿扇開紅桃，正說法天花落。

〔生、旦同取扇看介〕〔副淨拉生，老旦拉旦介〕法師在壇，不可只顧訴情了。〔生、旦不理介〕〔外怒拍案介〕咦！何物兒女，敢到此處調情！〔忙下壇，向生、旦手中裂扇擲地介〕我這邊清淨道場，那容得狡童游女，戲謔混雜。〔丑認介〕阿呀！這是河南侯朝宗相公，法師原認得的。〔外〕這女子是那個？〔小生〕弟子認得他，是舊院李香君，原是侯兄聘妾。〔外〕一向都在何處來？〔副淨〕侯相公住在弟子采真觀中。〔老旦〕李香君住在弟子葆真庵中。〔生向外揖介〕這是張瑤星先生，前日多承超豁。〔外〕你是侯世兄，幸喜出獄了。俺原為你出家，你可知道麼？〔生〕小生那裡曉得。〔丑〕貧道蔡益所，也是為你出家。這些緣由，待俺從容告你罷。〔小生〕貧道是藍田叔，特領香君來此尋你，不想果然遇着。〔生〕丁、卞二師收留之恩，蔡、田二師接引之情，俺與香君世世圖報。〔旦〕還有那蘇崑生，也隨奴到此。〔生〕柳敬亭也陪我前來。〔旦〕這柳、蘇兩位，不避患難，終始相依，更為可感。〔生〕待咱夫妻還鄉，都要報答的。〔外〕你們絮絮叨叨，說的俱是那裡話。當此地覆天翻，還戀情根欲種，豈不可笑！〔生〕此言差矣！從來男女室家，人之大倫，離合悲歡，情有所鍾，先生如何管得？〔外怒介〕呵呸！兩個癡蟲，你看國在那裡，家在那裡，君在那裡，父在那裡，偏是這點花月情根，割他不斷麼？

【北水仙子】堪歎你兒女嬌，不管那桑海變。豔語淫詞太絮叨，將錦片前程，牽衣握手神前告。怎知道姻緣簿久已勾銷；翅楞楞鴛鴦夢醒好開交，碎紛紛團圓寶鏡不堅牢。羞答答當場弄醜惹的旁人笑，明蕩蕩大路勸你早奔逃。

〔生揖介〕幾句話，說的小生冷汗淋漓，如夢忽醒。〔外〕你可曉得麼？〔生〕弟子曉得了。〔外〕既然曉得，就此拜丁繼之為師罷。〔生拜副淨介〕〔旦〕弟子也曉得了。〔外〕既然也曉得，就此拜卞玉京為師罷。〔旦拜老旦介〕〔外吩咐副淨、老旦介〕與他換了道扮。〔生、旦換衣介〕〔副淨、老旦〕請法師升座，待弟子引見。〔外升座介〕〔副淨領生，老旦領旦，拜外介〕

【南雙聲子】芟情苗，芟情苗，看玉葉金枝凋；割愛胞，割愛胞，聽鳳子龍孫號。水漚漂，水漚漂，石火敲，石火敲，剩浮生一半，纔受師教。

〔外指介〕男有男境，上應離方；快向南山之南，修真學道去。〔生〕是。大道纔知是，濃情悔認真。〔副淨領生從左下〕

〔外指介〕女有女界，下合坎道；快向北山之北，修真學道去。〔旦〕是。回頭皆幻景，對面是何人。〔老旦領旦從右下〕

〔外下座大笑三聲介〕

【北尾聲】你看他兩分襟，不把臨去秋波掉。虧了俺桃花扇扯碎一條條，再不許癡蟲兒自吐柔絲縛萬遭。

白骨青灰長艾蕭，桃花扇底送南朝；不因重做興亡夢，兒女濃情何處消。

續四十齣　餘韻　戊子九月

〔西江月〕〔淨扮樵子挑擔上〕放目蒼崖萬丈，拂頭紅樹千枝；雲深猛虎出無時，也避人間弓矢。建業城啼夜鬼，維揚井貯秋屍；樵夫剩得命如絲，滿肚南朝野史。在下蘇昆生，自從乙酉年同香君到山，一住三載，俺就不曾回家，往來牛首、棲霞，採樵度日。誰想柳敬亭與俺同志，買隻小船，也在此捕魚為業。且喜山深樹老，江闊人稀；每日相逢，便把斧頭敲着船頭，浩浩落落，儘俺歌唱，好不快活。今日柴擔早歇，專等他來促膝閒話，怎的還不見到。〔歇擔盹睡介〕〔丑扮漁翁搖船上〕年年垂釣鬢如銀，愛此江山勝富春；歌舞叢中征戰裡，漁翁都是過來人。俺柳敬亭送侯朝宗修道之後，就在這龍潭江畔，捕魚三載，把些興亡舊事，付之風月閒談。今值秋雨新晴，江光似練，正好尋蘇昆生飲酒談心。〔指介〕你看，他早已醉倒在地，待我上岸，喚他醒來。〔作上岸介〕〔呼介〕蘇昆生。〔淨醒介〕大哥果然來了。〔丑拱介〕賢弟偏杯呀！〔淨〕柴不曾賣，那得酒來。〔丑〕

愚兄也沒賣魚，都是空囊，怎麼處？〔淨〕有了，有了！你輸水，我輸柴，大家煮茗清談罷。〔副末扮老贊禮，提弦攜壺上〕

江山江山，一忙一閒，誰贏誰輸，兩鬢皆斑。〔見介〕原來是柳、蘇兩位老哥。〔淨、丑拱介〕老相公怎得到此？〔副末〕老夫住在燕子磯邊，今乃戊子年九月十七日，是福德星君降生之辰；我同些山中社友，到福德神祠祭賽已畢，路過此間。〔淨〕為何挾着弦子，提着酒壺？〔副末〕見笑見笑！老夫編了幾句神弦歌，名曰「問蒼天」。今日彈唱樂神，社散之時，分得這瓶福酒。恰好遇着二位，就同飲三杯罷。〔丑〕怎好取擾。〔副末〕這叫做「有福同享」。〔淨、丑〕好，好！〔同坐飲介〕

〔淨〕何不把神弦歌領略一回？〔副末〕使得！老夫的心事，正要請教二位哩。〔彈弦唱巫腔〕〔淨、丑拍手襯介〕

【問蒼天】新歷數，順治朝，歲在戊子；九月秋，十七日，嘉會良時。擊神鼓，揚靈旗，鄉鄰賽社；老逸民，剃白髮，也到叢祠。椒作棟，桂為楣，唐修晉建；碧和金，丹間粉，畫壁精奇。貌赫赫，氣揚揚，福德名位；山之珍，海之寶，總掌無遺。超祖禰，邁君師，千人上壽；焚郁蘭，奠清醑，奪戶爭墀。草笠底，有一人，掀鬚長嘆：貧者貧，富者富，造命奚為？我與爾，較生辰，同月同日；囊無錢，竈斷火，不啻乞兒。六十歲，花甲周，桑榆暮矣；亂離人，太平犬，未有亨期。稱玉斝，坐瓊筵，爾餐我看；誰為靈，誰為蠢，貴賤失宜。臣稽首，叫九閽，開聾啓聵；宣命司，檢祿籍，何故差池。金闕遠，紫宸高，蒼天夢夢；迎神來，送神去，輿馬風馳。歌舞罷，雞豚收，須臾社散；倚枯槐，對斜日，獨自凝思。濁享富，清享名，或分兩例；內才多，外財少，應不同規。熱似火，福德君，庸人父母；冷如冰，文昌帝，秀士宗師。神有短，聖有虧，誰能足願；地難填，天難補，造化如斯。釋盡了，胸中愁，欣欣微笑；江自流，雲自捲，我又何疑。〔唱完放弦介〕出醜之極。〔淨〕妙絕！逼真《離騷》、《九歌》了。〔丑〕失敬，失敬！不知老相公竟是財神一轉哩。〔副末讓介〕請斡此酒。〔淨咂舌介〕這寡酒好難吃也。〔丑〕愚兄倒有些下酒之物。

〔淨〕是什麼東西？〔丑〕請猜一猜。〔淨〕你的東西，不過是些魚鱉蝦蟹。〔丑搖頭介〕猜不着，猜不着。〔淨〕還有什麼異味？

〔丑指口介〕是我的舌頭。〔副末〕你的舌頭，你自下酒，如何讓客。〔丑笑介〕你不曉得，古人以《漢書》下酒；這舌頭會說《漢書》，豈非下酒之物。〔淨取酒斟介〕我替老哥斟酒，老哥就把《漢書》說來。〔副末〕妙妙！只恐菜多酒少了。〔丑〕既然《漢書》太長，有我新編的一首彈詞，叫做「秣陵秋」，唱來下酒罷。〔副末〕就是俺南京的近事麼？〔丑〕便是！〔淨〕這都是俺們耳聞眼見的，你若說差了，我要罰的。〔丑〕包管你不差。〔丑彈弦介〕六代興亡，幾點清彈千古慨；半生湖海，一聲高唱萬山驚。

〔照盲女彈詞唱介〕

【秣陵秋】陳隋煙月恨茫茫，井帶胭脂土帶香；駘蕩柳綿沾客鬢，叮嚀鶯舌惱人腸。中興朝市繁華續，遺孽兒孫氣焰張；只勸樓臺追後主，不愁弓矢下殘唐。蛾眉越女纔承選，燕子吳歈早擅場；力士簽名搜笛步，龜年協律奉椒房。西崑詞賦新溫李，烏巷冠裳舊謝王；院院宮妝金翠鏡，朝朝楚夢雨雲床。五侯闖外空狼燧，二水洲邊自雀舫；指馬誰攻秦相詐，入林都畏阮生狂。春燈已錯從頭認，社黨重鉤無縫藏；借手殺讎長樂老，脅肩媚貴半閒堂。龍鍾閣部啼梅嶺，跋扈將軍譟武昌；九曲河流晴喚渡，千尋江岸夜移防。瓊花劫到雕欄損，玉樹歌終畫殿涼；滄海迷家龍寂寞，風塵失伴鳳彷徨。青衣啣璧何年返，碧血濺沙此地亡；南內湯池仍蔓草，東陵輦路又斜陽。全開鎖鑰淮揚泗，難整乾坤左史黃；建帝飄零烈帝慘，英宗困頓武宗荒；那知還有福王一，臨去秋波淚數行。

〔淨〕妙妙！果然一些不差。〔副末〕雖是幾句彈詞，竟似吳梅村一首長歌。〔淨〕老哥學問大進，該敬一杯。〔斟酒介〕〔丑〕倒叫我吃寡酒了。〔淨〕愚弟也有些須下酒之物。〔丑〕你的東西，一定是山殽野蔌了。〔淨〕不是，不是。昨日南京賣柴，特地帶來的。〔丑〕取來共用罷。〔淨指口介〕也是舌頭。〔副末〕怎的也是舌頭？〔淨〕不瞞二位說，我三年沒到南京，忽然高興，進城賣柴。路過李陵，見那寶城享殿，成了芻牧之場。〔丑〕呵呀呀！那皇城如何？〔淨〕那皇城牆倒宮塌，滿地蒿萊了。〔副末掩淚介〕不料光景至此。〔淨〕俺又一直走到秦淮，立了半晌，竟沒一個人影兒。〔丑〕那長橋舊院，是咱們熟遊之地，你也該去瞧瞧。〔淨〕怎的沒瞧，長橋已無片板，舊院剩了一堆瓦礫。〔丑捶胸介〕咳！慟死俺也。〔淨〕那時疾忙回首，一路傷心；編成一套北曲，名為「哀江南」。待我唱來！〔敲板唱弋陽腔介〕俺樵夫呵！

【哀江南】【北新水令】山松野草帶花挑，猛抬頭秣陵重到。殘軍留廢壘，瘦馬臥空壕；村郭蕭條，城對着夕陽道。

【駐馬聽】野火頻燒，護墓長楸多半焦。山羊羣跑，守陵阿監幾時逃。鴿翎蝠糞滿堂拋，枯枝敗葉當階罩；誰祭掃，牧兒打碎龍碑帽。

【沈醉東風】橫白玉八根柱倒，墮紅泥半堵牆高，碎琉璃瓦片多，爛翡翠窗櫺少，舞丹墀燕雀常朝，直入宮門一路蒿，住幾個乞兒餓殍。

【折桂令】問秦淮舊日窗寮，破紙迎風，壞檻當潮，目斷魂消。當年粉黛，何處笙簫。罷燈船端陽不鬧，收酒旗重九無聊。白鳥飄飄，綠水滔滔，嫩黃花有些蝶飛，新紅葉無個人瞧。

【沽美酒】你記得跨青谿半里橋，舊紅板沒一條。秋水長天人過少，冷清清的落照，剩一樹柳彎腰。

【太平令】行到那舊院門，何用輕敲，也不怕小犬哰哰。無非是枯井頹巢，不過些磚苔砌草。手種的花條柳梢，儘意兒採樵；這黑灰是誰家廚竈？

【離亭宴帶歇指煞】俺曾見金陵玉殿鶯啼曉，秦淮水榭花開早，誰知道容易冰消。眼看他起朱樓，眼看他宴賓客，眼看他樓塌了。這青苔碧瓦堆，俺曾睡風流覺，將五十年興亡看飽。那烏衣巷不姓王，莫愁湖鬼夜哭，鳳凰臺棲梟鳥。殘山夢最真，舊境丟難掉，不信這輿圖換稿。謅一套哀江南，放悲聲唱到老。

〔副末掩淚介〕妙是絕妙，惹出我多少眼淚。〔丑〕這酒也不忍入唇了，大家談談罷。〔副淨時服，扮皂隸暗上〕朝陪天子輦，暮把縣官門；皂隸原無種，通侯豈有根。自家魏國公嫡親公子徐青君的便是，生來富貴，享盡繁華。不料國破家亡，剩了區區一口。沒奈何在上元縣當了一名皂隸，將就度日。今奉本官簽票，訪拿山林隱逸，只得下鄉走走。〔望介〕那江岸之上，有幾個老兒閒坐，不免上前討火，就便訪問。正是：開國元勳留狗尾，換朝逸老縮龜頭。〔前行見介〕老哥們有火借一個？〔丑〕請坐！〔副淨坐介〕〔副末問介〕看你打扮，像一位公差大哥。〔副淨〕便是！〔淨問介〕要火吃煙麼，小弟帶有高煙，取出奉敬罷。〔敲火取煙奉副淨介〕〔副淨吃煙介〕好高煙，好高煙！〔作暈醉臥倒介〕〔淨扶介〕〔副淨〕不要拉我，讓我歇一歇，就好了。〔閉目臥介〕〔丑問副末介〕記得三年之前，老相公捧着史閣部衣冠，要葬在梅花嶺下，後來怎樣？〔副末〕後來約了許多忠義之士，齊集梅花嶺，招魂埋葬，倒也算千秋盛事，但不曾立得碑碣。〔淨〕好事，好事。只可惜黃將軍刎頸報主，拋屍路旁，竟無人埋葬。〔副末〕如今好了，也是我老漢同些村中父老，檢骨殯殮，起了一座大大的墳塋，好不體面。〔丑〕你這兩件功德，卻也不小哩。〔淨〕二位不知，那左寧南氣死戰船時，親朋盡散，卻是我老蘇殯殮了他。〔副末〕難得，難得。聞他兒子左夢庚襲了前程，昨日扶柩回去了。〔丑掩淚介〕左寧南是我老柳知己。我曾託藍田叔畫他一幅影像，又求錢牧齋題贊了幾句；逢時遇節，展開祭拜，也盡俺一點報答之意。〔副淨醒，作悄語介〕聽他說話，像幾個山林隱逸。〔起身問介〕三位是山林隱逸麼？〔衆起拱介〕不敢，不敢。為何問及山林隱逸？〔副淨〕三位不知麼，現今禮部上本，搜尋山林隱逸。撫按大老爺張掛告示，布政司行文已經月餘，並不見一人報名。府縣着忙，差俺們各處訪拿，三位一定是了，快快跟我回話去。〔副末〕老哥差矣，山林隱逸乃文人名士，不肯出山的。老夫原是假斯文的一個老贊禮，那裡去得。〔丑、淨〕我兩個是說書唱曲的朋友，而今做了漁翁樵子，益發不中了。〔副淨〕你們不曉得，那些文人名士，都是識時務的俊傑，從三年前俱已出山了。目下正要訪拿你輩哩。〔副末〕啐，徵求隱逸，乃朝廷盛典，公祖父母俱當以禮相聘，怎麼要拿起來？定是你這衙役們奉行不善。〔副淨〕不干我事，有本縣簽票在此，取出你看。〔取看簽票欲拿介〕〔淨〕果有這事哩。〔丑〕我們竟走開如何？〔副末〕有理，避禍今何晚，入山昔未深。〔各分走下〕〔副淨趕不上介〕你看他登崖涉澗，竟各逃走無蹤。〔立聽介〕遠遠聞得吟詩之聲，不在水邊，定在林下，待我信步找去便了。〔急下〕〔內吟詩曰〕

【清江引】大澤深山隨處找，預備官家要。抽出綠頭籤，取開紅圈票，把幾個白衣山人嚇走了。

漁樵同話舊繁華，短夢寥寥記不差；曾恨紅箋啣燕子，偏憐素扇染桃花。
笙歌西第留何客？煙雨南朝換幾家？傳得傷心臨去語，年年寒食哭天涯。